名人小时候的故事

开动脑筋的乐趣

李树芬　谭海芳 / 主编

U0540536

中国少年儿童新闻出版总社
中国少年兒童出版社
北　京

图书在版编目（CIP）数据

开动脑筋的乐趣 / 李树芬，谭海芳主编．-- 北京：中国少年儿童出版社，2025. 1.--（名人小时候的故事）. -- ISBN 978-7-5148-9252-9

Ⅰ．K811-49

中国国家版本馆 CIP 数据核字第2024PW1003号

KAIDONG NAOJIN DE LEQU

（名人小时候的故事）

出 版 发 行：中国少年儿童新闻出版总社 中国少年兒童出版社

执行出版人：马兴民

责任出版人：缪 维

策划编辑：白雪静　　主编：李树芬　谭海芳

责任编辑：白雪静　　绘：黄 涛

版式设计：王点点　　责任印务：厉 静

责任校对：夏明媛

社　址：北京市朝阳区建国门外大街丙12号　　邮政编码：100022

编辑部：010-57526379　　总 编 室：010-57526070

发行部：010-57526608　　官方网址：www. ccppg. cn

印刷：河北赛文印刷有限公司

开本：720mm × 1000mm　1/16　　印张：10.75

版次：2025年1月第1版　　印次：2025年1月第1次印刷

字数：100千字　　印数：1—5000册

ISBN 978-7-5148-9252-9　　定价：39.80元

图书出版质量投诉电话：010-57526069　电子邮箱：cbzlts@ccppg.com.cn

目录

CONTENTS

小小外交家——甘罗

中国人

政治家

出生地：楚国下蔡（今安徽省颍上县）

生活年代：生卒年月不详（战国）

主要成就：中国历史上著名的神童，十二岁被秦王封为上卿

优点提炼：聪明，勇敢，冷静

我叫甘罗。我的祖父甘茂曾经是秦国的丞相，他对我十分疼爱。在祖父的教导下，我从小就被众人夸赞聪明机智、能言善辩，并深受家人的喜爱。后来，因为家道中落，我只好去投奔当时的丞相吕不韦，做了他的门客（帮主人出谋划策的人）。当时我才十二岁呢。其实这

还不算什么，更奇特的是我很快就当上了上卿（和丞相差不多的高官）。我是怎么当上上卿的呢？请听我慢慢道来。

有一天，吕不韦气呼呼地回到家里。我看到他一脸烦恼的样子，就问他发生了什么事。吕不韦见我是个小孩子，觉得我什么都不懂，就挥挥手要赶我走。看着他不信任我的眼神，我干脆大声问道："丞相，您收留我做您的门客是为了什么？不就是为了能够替您出谋划策吗？可是，现在您有心事却不告诉我，让我怎么为您排忧解难呢？"

吕不韦见我一脸认真的样子，就半信半疑地告诉了我前因后果。原来秦王想派张唐去燕国当丞相，扩大秦国的势力。本来一切顺利，燕王也答应了，可是张唐竟然推辞不去。这可怎么办呢？

我以前听说过张唐的事，心想：张唐曾经带兵攻打过赵国，还占领了赵国大片的土地，因此赵王十分痛恨他。出使燕国肯定要经过赵国，张唐一定是怕赵王趁机报复他才不愿意去。想到这一点，我心里就有底了。张唐不过是个臣子，怎么能够为了个人利益而违抗王命呢！一定要用权势来压他一下才行。

于是，我对吕不韦说："您放心好了，这事包在我身上。"

吕不韦瞟了我一眼，说："你年纪这么小，口气却不小，竟敢这样夸下海口。"

我听了这句话很不服气，便反驳道："我听说孔子都称一个七岁的小孩子作老师。我现在已经十二岁了，您为什么不让我去试试？如果不成功，您再指责我好了。”

吕不韦想了想，暂时也想不到其他的办法，只好放缓了口气，同意让我去试试。

我于是来到张唐家里，让守门的人进去通报，说是丞相吕不韦的门客专门来拜访他家主人。

听说来的是丞相的门客，张唐连忙出来相见。可是当他看到我不过是个十二岁的小孩子之后，语气就一下子变得傲慢起来，很轻蔑地问我，一个小孩子来找他做什么。

我见他态度傲慢，就直接说：“我是来哀悼你的。”

张唐一听，很生气地骂道：“小孩子怎么能这样说话！我家又没死人，你来哀悼什么？”

“我可没有胡说。你听我仔细分析就知道了。”看到他有些惶恐的眼神，我笑了笑，又问，“你和我们秦国的大将军相比，谁的功劳更大？”

张唐回答：“大将军？他打了那么多胜仗，占领了那么多土地，我怎么敢和他相比啊？”

我继续问他：“那秦国以前的丞相和现在的吕丞相相比，谁更加严厉啊？”

张唐想了想，回答道：“当然是吕丞相比较严厉。”

我想要的就是这个答案，马上分析道：“既然你都知道，为什么还推辞不去燕国呢？我听说，大将军曾经因为和以前的丞相作对，一离开咸阳城就被除掉了。大将军曾立过这么大的功劳都逃不过惩处，你觉得更严厉的吕丞相会放过你吗？”

张唐听了这话恍然大悟。我看着他冷汗直冒的样子，知道自己想要的效果已经达到了，就安慰他说：“如果你答应去燕国的话，我愿意替你先到赵国去一趟，说服赵王不伤害你。”

这样一来，张唐的心病解除了，他不仅答应出使燕国，而且对我十分感谢。

我回去把情况告诉吕不韦，吕不韦听了很高兴。但是接下来怎么说服赵王不伤害张唐呢？当然还是得我去办了。我向秦王要了十辆车、一百多个仆人，浩浩荡荡地前往赵国。

在去赵国的路上，我推算了一下，赵王应该已经知道秦国派张唐去燕国的事情，他一定会担心秦、燕联合起来对付他们。这样一来，我又想出了个新办法。如果成功的话，张唐就不用去燕国了，秦国还能得到一些好处。

带着这个想法，我来到赵国。赵王召见我时，我发现他一直在大殿里来回踱步，就知道自己推算正确。于是我决定拿出自己的新方案。

拜见过赵王之后，他让我在旁边坐下，不停地打量着我，问道：“秦国过去有一位姓甘的丞相，那是你什么人？”

回忆起祖父慈祥的面容，我微笑着答道：“他是我的祖父。”

赵王又问："你今年多大年纪？"

我恭敬地回答："小臣今年已十二岁了。"

赵王听了不由得大笑起来，说："秦国难道没有人可派吗？竟让你这个小孩子出来！"

哼，又一个小瞧我的人，看我怎么捉弄他！我不慌不忙地答道："我们秦王是按才能的大小来给我们分配任务的，才能高的让他担当重任，才能低的就干些小事。我的年纪小，才能低，秦王可能认为到您这里来是件小事，所以就派我来了。"

赵王先是一愣，听出我话里的意思后反倒露出满意的神色。他不再把我当作小孩子，而是直接问："你这次到赵国来究竟有什么事啊？"

我把话题往自己计划好的方向引，反问他："大王是否听说过，秦国要派张唐到燕国做丞相这件事？"

赵王点了点头，脸上浮现出一丝焦虑的神色。我知道自己问到了要害，便乘胜追击："既然大王已经知道了，那大王为什么不着急啊？秦国派张唐去燕国，说明秦国打算和燕国友好相处，那么赵国岂不就危险了？"

赵王听了我的话一惊："秦国和燕国友好交往，究竟有什么其他目的？"

我仔细地打量着赵王慌张的神色，故意答道："秦国和燕国友好没有别的原因，就是想一起攻打赵国，扩大地盘啊！"

赵王惊慌得手一抖，连手里的杯子都掉到地上："那，那可怎么办啊？"

看到已经达到了我想要的效果，我严肃地说："大王不如给秦国五座城池，扩大秦国的地盘，秦王自然就高兴了。您再请求秦王断绝和燕国的关系。这样一来，他们不但不会联手来攻打赵国，而且您还可以去放心地攻打燕国了。"

赵王有些犹豫地嘀咕着："五座城池？"

知道赵王舍不得，我的眼珠一转，凑到他耳边说道："等强大的赵国攻打下小小的燕国，您还愁得不到五座城池吗？"

赵王听了连连拍手叫好："说得对！想不到你小小年纪，就有这么高的智慧。”

于是，在我走的时候，赵王不但赏了我黄金百两和一对白玉，还把五座城池的地图请我带回去交给秦王。

我回到秦国之后，秦王见我不费一兵一卒就赚回了五座城池，对我的才能大加赞赏。他认为我的智慧远远地超出了我的年纪，于是就封我做了上卿。吕不韦也很高兴，因为我帮他解决了难题。这真是一个皆大欢喜的结局啊！

延伸阅读

战国时代的政治家

春秋时期，各诸侯国的势力越来越强大，他们各自占据一块地方，自立为王。经过长期的战争和兼并，到了战国时期，形成了七个相对强大的诸侯国。它们分别是秦、齐、楚、赵、魏、韩、燕，史称“战国七雄”。

为了巩固自己的统治，君王们笼络了各种人才为自己服务。这些人有的能言善辩，有的长于谋略，有的作战勇猛。小小年纪的甘罗就是这些人才中的一个。他少年英勇的事迹传遍四方，至今仍在历史长河中璀璨夺目。

也正是因为战国时期人才辈出，推动了社会的发展，才有了当时丰富多彩的政治文化，让这个时期成为中国历史上浓墨重彩的一页篇章。

少年的“天书”奇遇——张良

政治家

中国人

出生地：颍川城父（今河南省郏县）

生活年代：生年不详—公元前 186 年（战国末期、秦、西汉初期）

主要成就：与韩信、萧何并称为“汉初三杰”；协助汉高祖刘邦在楚汉战争中最终取胜；后世敬其谋略出众，称其为“谋圣”

优点提炼：谦逊，聪明，有爱心，有毅力

我叫张良，出身于一个贵族家庭。我的祖父和父亲都是韩国的丞相。可是到了我出生时，韩国已经逐渐衰落，后来被强悍的秦国灭掉了。韩国的灭亡让我失去了继承父辈事业的机会，也失去了原本安稳的生活。然而更让我难过的是，残暴的秦王横征暴敛，完全不顾百姓的疾苦。这让我最终下定决心加入了反秦的队伍。

虽然我年纪不大，胆子却不小，有一次还参加了刺杀秦王的行动，可惜失败了。就像事先预料到的那样，我被全国通缉，只好隐居在一座小城镇中。为了缓解自己的忧虑，我每天读完书之后就去河边散步。

这一天，我像往常一样，一个人在沂水圯（yí）桥头慢慢走着。看到有个老人坐在桥栏上，很悠闲的样子。突然，他的一只鞋子掉落到了桥下。

老人家看到我从旁边走过，傲慢地晃了晃脚，指着桥下的破鞋对我喊：“喂！小子，给我去把鞋子捡上来吧！”

我被吓了一跳，心想：是你自己故意把鞋子扔下去的，这下面又没有水，你自己也可以捡回来啊！

但是看到老人家一把年纪了，下去也不方便，我干脆做一回好人，帮他捡回来得了。

我跳下桥，把老人的鞋子捡上来，递到他面前。可这位老人却没有丝毫的感激之情，反而一脸骄横，把脚高高地跷起来对我说：“给我穿上。”

看着老人愈加傲慢的表情，我的怒火一下子涌上心头。可是看着他花白的头发，我又不能和一个老人家去计较，只好强压下怒火。我拿着鞋子蹲在老人家面前，小心翼翼地帮他把鞋子穿上了。

老人家穿好了鞋子，在地上随意地跺了跺脚，连一句感谢的话都不说，甚至看都没看我一眼，就仰头大笑着走了。

我目送着他远去的背影，感觉这个人很奇怪，但也想不明白其中的蹊跷，就掉头往家的方向走。我刚走了几步，那位老人家却背着手走了回来，对我说了一句耐人寻味的话：“孺子可教也！”

我还没反应过来，老人家又吩咐我在五天后的凌晨再来桥上见他。我来不及多想，就恭恭敬敬地答应了。

道别之后，我回到家中，躺在床上左思右想，始终想不透老人家的意图。不过，我隐隐地觉得，这位老人家表面上看起来怪诞，背后却似乎蕴藏着某种深意。他的言行举止让我觉得他不是一个普通人，更不会信口开河糊弄我。

于是到了第五天早上，我早早地就出发了，在公鸡打鸣的时候赶到了桥上。没想到，老人家却早已在桥上等我了。他见我急匆匆地走过来，愤怒地斥责道："与老人约定，竟然还迟到。五天后再来！"说完就挥挥袖子离开了。

我摸了摸头，暗暗决定下次一定要比老人家来得早。

又过了五天，这次我在鸡叫之前就到了桥上，可老人家竟然又比我早到了。

我心里感觉很愧疚，正想对他解释一番，但老人家更加严厉地呵斥我说："竟然又迟到了！你怎么可以如此不用心？五天后再来！"

五天后，又到了约定的时间。这一次我一整晚都没有睡，半夜就出门了。黑夜沉沉，只有零星的星星在夜空闪烁。我连奔带跑来到了桥上，桥上一个人都没有。我松了口气，总算不会再让老人家等我了。

天蒙蒙亮的时候，老人家终于出现在了桥头。我站起身来撣去衣服上的露水，恭恭敬敬地对着他行了一礼。

老人家捋着胡子哈哈大笑道："你果然没有让我失望，用至诚和隐忍精神经受住了我对你的考验。"

不等我回答，老人家从怀中掏出一卷竹简，递到了我手上，说："看你是个能成大事的人。我这里有兵书一卷，你拿去细细研读，好好钻研。十年之后，天下异动，必有大乱。到时候，你可以用这卷书上的法子调兵遣将、兴邦立国，十三年后再来见我。"

老人家的话让我着实吃了一惊。我正想问个明白，他却故作神秘地说：“天机不可泄露，我只能说这么多啦！”说完，他又像上次那样扬长而去。

我拿着书卷对着老人家的背影深深作了一揖。后来我才知道，这位老人家就是传说中隐身岩穴的高士黄石公。他给我的这卷兵书，被我视为比生命更重要的东西。从此以后，我深居简出，日夜研读其中的道理，终于用谋略和智慧实现了自己的理想。

延伸阅读

刘邦眼中的张良

刘邦称帝后，曾问群臣自己为什么能够得天下。大臣们都称赞他是因为大仁大义。刘邦听后笑了笑，感叹地说：“要论谋略智慧，在帷幄中指挥千里之外的大军，我比不上张良；要论安抚百姓，筹备军饷、粮草，我比不上萧何；要论在百万军中出生入死，战无不胜，我比不上韩信。我能够得天下，全凭这三个人的帮助啊！”

可见，在刘邦心目中，张良是最善于谋略的人，是帮助自己得天下的最得力的助手。

“分梨”的故事
——孔融

中国人

文学家、名士

出生地：鲁国（今山东省曲阜市）

生活年代：153年—208年（东汉时期）

主要成就：“建安七子”（指东汉末建安时期曹氏父子之外的七位著名诗人）之一；能诗善文，但死后文集散佚，后明朝张溥辑成《孔北海集》

优点提炼：能言善辩，勤奋好学

我叫孔融，是孔子的第二十世孙。作为名人的后代，我从小就受到了良好的教育。家人也很注重对我品德和智力方面的培养。很多人都记得，我在四岁时就知道把大的梨子分给哥哥们，只给自己留了个最小的。其实，这样的事情对我来说，只是生活中很平常的一个举动。六岁那年，我还遇到过另外一个关于分梨的难题。

一天，我正在书房读书，管家告诉我，外地的伯伯、叔叔们带着六个堂兄妹到我家来做客了。听到这个消息，我立刻飞奔去前庭。要知道，这六个堂兄妹我可是从来都没见过呢！

大家相互介绍之后，母亲吩咐仆人端来了一盘梨。母亲这次又让我把梨分给大家。正当我接过盘子，想要给大家分梨的时候，父亲说：“慢着，融儿，爹出个题考考你，好吗？”

“好啊！”我一听，马上来了兴趣，因为我至今还没有被父亲的考题难倒过呢！

“盘子里有六个梨子。你要分给六个堂兄妹每人一个，最后还要保证盘子里剩有一个梨子。你能做到吗？”父亲一手背在背后，一手摸着胡须，慢悠悠地说着。

听到这个题目，我的心猛地一沉。六个梨分给六个人，最后盘子里还要留一个，这样总会有一个人吃不到梨。怎么分才好呢？我皱着眉头，有些犯难了。母亲看到我为难的神情，笑着说：“融儿，别急。开动脑筋，一定能想到办法的！”

听到母亲的鼓励，我又有了信心，心里默默地分析：五个人五个梨，剩下的一个梨子留在盘子里……

“有了！”我拍着手高兴地说。

于是，我拿着五个梨分别分给了五个堂兄妹。最后还有一个堂妹没有分到梨，她一脸委屈地看着我。婶婶在一旁提醒我：“融儿，堂妹还没分到梨，你准备怎么办呢？”

我微笑着把剩下的梨连同盘子一起递给堂妹，说：“这样，每个人都分到一个梨了，最后盘子里也还剩着一个梨。”

听到我的话，大家恍然大悟，都拍手称赞。父亲也对我的回答很满意，开心地笑了。

因为我从小聪明伶俐，父母也对我宠爱有加。父亲外出的时候，总是带上我，让我出去见见世面。

在我十岁那年，父亲去洛阳拜见河南太守李元礼，我也跟着一起去了。可是父亲到了洛阳，却犹豫着不敢前往了。我问他是什么原因，父亲说："李元礼在洛阳享有盛名，府上来往的人除了亲戚，就是当时有才的名人。我们跟他非亲非故，我也说不上享有才名，守门人肯定不会为我们通报的。要怎样才能成功拜访他呢？"

看到父亲焦急的样子，我知道他很在意这次拜访的机会。要是错过了，下次还不知道要等到什么时候呢。

我仔细想了一会儿，终于想到了个办法。我拍着胸脯对父亲说："走吧，爹，我想到了个好办法，保准能让李大人接见我们！"

看着我信心十足的样子，父亲也没有怀疑，就带着我前往李府。我们来到李府门口，还没等守门人询问，我就自我介绍说："我们是李太守的老朋友，请给我通报一声！"

守门人丝毫没有怀疑，就去通报了李太守。李太守马上同意接见了我们。我们来到李府大厅，李太守将我们仔细打量了一番，疑惑地问："我好像没见过你们，你们怎么说是我的老朋友呢？"

我不慌不忙地回答："孔家和李家可是世交呢！我家老祖宗孔子曾经向你们的老祖宗李耳（老子）拜过师。这说明孔家和李家在几百年前就已经建立起了深厚的关系。我今天是作为孔家的后代，特意来拜访您的！"

李太守听了我的话，哈哈大笑，说："好，有道理。我们两家的关系可非同寻常，缘分不浅。以后真应该多多走动，不能把老祖宗建立起来的关系给断了！”

这时，一位姓陈的大官进来，看到我坐在大厅的椅子上，腿还够不着地，就好奇地问：“这是谁家的公子？”

李太守对我赞不绝口，向他介绍：“这可是一位人间奇童，聪明着呢！”

这位姓陈的大官不屑地瞄了我一眼，说：“小时候聪明，长大了却不一定会有用！”

我平白无故地被不认识的人鄙视了一番，心中有些不服气，马上回敬道：“按大人的说法，您小时候一定很聪明吧？”

姓陈的大官知道我这是在讽刺他，但是又无力反驳，只是狠狠地瞪了我一眼。李太守马上出来解围：“童言无忌，童言无忌啊！”

姓陈的大官脸上的表情也由阴转晴，笑着说：“看来，以后你还真是个人才啊！”

从此以后，大家就都知道我伶牙俐齿，不好欺负，再也没有人敢小看我了。

延伸阅读

覆巢之下，安有完卵

孔融才华横溢，是当时的名士，位列“建安七子”之一。但他恃才傲物，侮慢曹操，于是曹操下决心杀掉他。

曹操派官兵来到孔融家里，将他抓起来。孔融对带队的军官说：“我虽然有罪，但我的两个儿子还小，他们是无辜的，可以放过他们吗？”军官没有答话。

在一旁玩耍的大儿子从容地说：“父亲大人，鸟巢掉落在地上，鸟蛋还能够完好无损吗？”意思是说，孔融遇害了，其他的人也不可能幸免。

果然，没过几天，孔融的两个儿子也被杀害了。

知错能改的小小“阴谋家”——曹操

出生地：沛国谯县［今安徽省亳（bó）州市］
生活年代：155 年—220 年（东汉时期）
主要成就：实行屯田制，安抚流民，消灭群雄，统一北方，开创建安文学
优点提炼：有智慧，有谋略，机智
政治家、军事家、文学家、书法家
中国人

我叫曹操，出生于一个显赫之家。我的祖父是一名宦官，父亲是祖父的养子。我小时候因为太顽皮捣蛋，不怎么受叔父的喜欢。他看到我满院子玩耍，要不就在墙上写写画画，便要狠狠地教训我一顿。但是我父亲很宠我，处处袒护我。于是叔父就不敢直接对我怎样，而

是经常在父亲那里打我的“小报告”。

虽然我当时年纪还小，但是看到叔父经常在背后告我的“黑状”，我心里也会有一些不爽，就想着哪天一定要教训他一下，让父亲不再相信他的话。

终于有一天，我想出了个好办法。我等叔父走到我身边的时候，突然倒地，口吐白沫，浑身抽搐。因为事发突然，叔父以为我得了什么急病，被吓得不轻，一时束手无策，只好去向父亲求助。

看着叔父那焦急跑开的背影，我心里暗暗高兴，赶紧爬起来拍拍身上的灰尘，就像什么事情都没有发生过一样。很快，父亲着急地赶了过来，在我身上仔细打量了一番，担忧地问：“瞒儿（我的小名），你没事吧？是不是哪里不舒服？”

看到父亲那担忧的眼神，我在他面前跳了跳，说：“我好得很呢！怎么啦？”

“没事就好。”父亲松了口气，转身看向一旁脸色有些不好看的叔父，问道，“你刚刚不是说瞒儿口吐白沫、浑身抽搐吗？”

听了父亲的话，我故作惊讶，有些委屈地说道：“我什么病都没有，没想到叔父竟然会这样诅咒我。是不是因为您平常就看不惯我，故意说这样的话来让父亲教训我呀？”

叔父张嘴正要争辩些什么，却被父亲挡了回去。父亲不满地说：“以后瞒儿我自己会教育好，再也不用你操心他的事了！”

看着叔父那欲哭无泪的表情，我冲他调皮地吐了吐舌头。我终于从叔父的“小报告”中解放出来，以后父亲再也不会相信他的任何话了。

当然，我知道自己这样做也有点儿过分。但为了能摆脱他的监视，就让他小小地受点儿委屈吧！

当然，我的调皮“战绩”可不只是这件事，还有一件比较“出格”的事，就是和小伙伴袁绍一起去抢新娘。

有一天我们在外面玩耍时，看到有一户人家在举行婚礼。我和袁绍闲得没事，突然动了歪脑筋，心想如果办婚礼时新娘被抢走了，那该是件多么滑稽的事啊！

我们光是想着就觉得很好玩儿。于是，我们具体谋划了一下，就开始行动了。

当时，大家正在礼堂举行婚礼仪式，气氛非常喜庆热烈。我和袁绍突然冲进去，放声大喊：“有贼啊，快抓贼！”

听到我们的叫喊，礼堂内顿时乱成一团，大家都四下里去寻找小偷。新郎也被这一变故分散了注意力，大喊着：“贼在哪里？贼在哪里？”

我和袁绍就趁着一片混乱，把新娘劫走了。

袁绍负责背新娘，我则负责殿后。当然，新娘的装扮这么显眼，背着她逃走太吸引人的注意力了。没多久，我们就被发现了，参加婚礼的人都追了出来。慌乱中，我们只好把新娘扔在半路上，自己逃跑了。要知道，我们这样做的目的，并不是真的要抢走新娘，而纯粹只是想找个乐子。

眼看着追来的人越来越多，我们也慌了神儿。袁绍这个小胖墩儿一不小心掉进了灌木丛。后面追来的人越来越多，越来越近，袁绍却还在灌木丛里爬不起来。我灵机一动，想出了个“良策”，指着袁绍向追来的人大喊：“贼在这里，快来抓他！”

袁绍听到我的话，急得拼命挣扎，竟然飞快地爬出了灌木丛。我们安全逃走后，袁绍还生气地埋怨我出卖他。我笑着说：“我这计策虽然有点儿损，但是如果不这样做，你怎么会在短时间内爆发出这么强的力量，顺利爬出灌木丛？这就是兵法上说的‘置之死地而后生’啊！”袁绍听完恍然大悟，更加信任我这个哥们儿了。

像这样捣蛋的“坏事”我还真是做了不少！在学堂里，我也不是那种乖乖听课的“好学生”。我一直都认为小孩子应该都有爱玩的天性，我只是把这个天性发挥得更张扬一点儿。

上学期间，我经常趁先生没注意时偷偷溜出去，和小伙伴们一起习武练剑。

有一天，天气晴朗，我坐在教室里，听着老师在读课文，人却看着窗外的景色发呆。突然，一只野兔从教室外蹿过。这倒让我精神为之一振，想着，这样的好天气坐在这儿听课太浪费了，何不出去打猎呢？

于是，等到下课时，我向小伙伴们振臂一挥，大声说道：“我们一起出去打猎吧！”

我话音刚落，就得到了小伙伴们的热烈响应。在我的带领下，大家跟着我纷纷跑向野外。

我们来到树林中围剿猎物，玩得非常开心。可就在这时，父亲官场上的一位对手看到了我，他从我身边经过时，声音低低地说了句：“宦门遗丑。”

我觉得他这句话像是在骂我，但又弄不懂是什么意思。顷刻之间，我打猎的好心情都没了，急忙打道回府，向父亲询问。父亲说：“他是在骂你是宦官的后代，是依靠祖辈的庇佑才能享受到锦衣玉食的生活。你一定要奋发图强，不要被人当成是一个不学无术的纨绔子弟，明白

吗？”

父亲的话让我的脸上一阵发烫。我在心里默默地下定决心：一定要靠自己的实力出人头地。

从此，我再也不调皮捣蛋了，而是在家闭门专心苦读。

延伸阅读

曹操惜才

曹操是东汉末年的政治家和军事家。后来，他位居丞相，以“汉天子”的名义征伐四方，统一了中国的北方，并为“三国鼎立”中的曹魏奠定了基础。

这样的成就，除了需要杰出的政治才能和军事才能，也跟曹操乐于吸纳人才、爱惜人才有关。为了留住人才，曹操甚至可以甘心受辱。

有一次，一个叫陈琳的人写文章把曹操祖宗三代都骂了个遍。后来，曹操抓住了陈琳，在对他进行审讯时问道：“你为什么要骂我的祖宗？”

陈琳无奈地笑了，说：“我当时骂到兴起，文思泉涌，也顾不上别的，就连你的祖宗也一起骂了！”

听了陈琳的话，曹操不但没有大怒，反而哈哈大笑。他知道陈琳是个难得的人才，就没有因为这件事继续责问下去，而是宽恕了他，并把他留在身边。之后，二人还成了好朋友。

小才女妙解音律
——蔡文姬

出生地：陈留圉（yǔ）县（今河南省杞县）

生活年代：约 177 年—约 249 年（东汉末期）

主要成就：著有长篇骚体叙事诗《胡笳十八拍》、中国第一首自传体长篇五言叙事诗《悲愤诗》

优点提炼：天资聪慧，多才多艺

我出生在一个名门世家，爸爸就是大名鼎鼎的蔡邕（yōng）。他是当时有名的文学家和书法家，并且爱好音乐，尤其擅长弹琴。别人弹奏时出现一点儿小小差错，他都能听出来。

爸爸不光有学问，而且为人正直，做官正派，对于一些不好的现象总要提出批评。这样就得罪了很多人。爸爸为了躲避别人的陷害，带着我逃出京城，在江南一带隐居起来。当时我才五六岁。

我们逃出京城的时候，爸爸舍弃了很多东西，但一直丢不下那张心爱的七弦琴。爸爸很疼爱我，在那段日子里经常教我写字和弹琴。于是，我对书法和音乐产生了浓厚的兴趣。

一天晚上，我像往常一样练习写字。爸爸点燃一支清香，又席地坐在琴桌旁弹起了心爱的七弦琴。那悠扬的琴声忽高忽低，时缓时疾，好听极了。我写完字，双手托腮，望着窗外，屏息静气地听着，仿佛进入了一个美妙神奇的世界。突然，只听“嘣”的一声，一根琴弦断了。

我愣了一下，转过身来对爸爸说：“父亲，第二根琴弦断了。”

爸爸正沉浸在迷人的音乐声中，听到我的话，睁眼低头一看，果然是第二根弦断了。他不解地问：“女儿，你怎么知道是第二根琴弦断了呢？”

我咯咯一笑，得意地说：“我听出来的呀！”

爸爸不高兴地说：“我不是让你写字吗？你怎么做事三心二意呢？”

我委屈地说：“您布置让我写的字，我早就写完了。”

“哦，是吗？拿来我看。”

我把写好的字交给爸爸。爸爸仔细检查一遍之后，满意地说：“好，写得不错，比以前又有进步了。”

爸爸又说：“既然你喜欢听琴，爸爸就再弹奏一曲给你听。”

说完，爸爸重新安上第二根琴弦，又弹了起来。悠扬的琴声伴着缕缕青烟，在夜空中回荡，我又听得入神了。突然，我又听到“嘣”的一声，原来是又断了一根琴弦。

我惋惜地说：“父亲，琴弦怎么又断啦？”

爸爸双手按住琴弦，神秘地问道：“女儿，这次你听出来了吗？断的是第几根弦？”

噢，我明白了，原来爸爸在故意考我呀！这可难不倒我。我不假思索地说：“第四根！”

爸爸的脸上露出惊喜的神色。他叫我过去，一把把我揽在怀里，慈爱地说："告诉爸爸，哪根琴弦断了，你是怎么判断出来的？"

我说："您曾经给我讲过，古人季札听了琴声，能判断一个国家的兴亡；师旷听了琴声，能断定楚国要打败仗。我天天听您弹琴，难道哪根琴弦断了还听不出来吗？"

爸爸的脸上露出了满意的笑容，说："孩子，你是一个音乐天才！以后好好学，一定会有出息的。"

从那以后，爸爸悉心教我，我的琴技进步更大了。一天，我坐在房里听爸爸弹琴，房东老奶奶在隔壁的灶间烧火做饭。这时，我听到"噼啪噼啪"的响声。这声音好清脆悦耳呀！我瞅了爸爸一眼，只见他两眼圆睁，正在专心倾听着什么。

我问："父亲，您听这声音……"

爸爸又侧耳听了一下，忽然大叫一声："不好！"说着，他拉起我的手，跑到隔壁的灶间。看着灶膛里正在"噼啪噼啪"燃烧着的一段桐木，爸爸急得直跺脚。

我也很着急，拽着爸爸衣衫的一角，哭着说："父亲，这块木头是制琴的好材料，您快救救它吧！"

听了我的哭叫，爸爸也不知从哪里冒出来的勇气，顾不得火势正猛，伸手把那块烧着的桐木从灶膛里拽了出来。幸亏抢救及时，那段桐木还算完整，只是有一头烧焦了。房东老奶奶明白怎么回事之后，就把那段桐木送给了爸爸。爸爸如获至宝，费尽心血制成了一张琴。因为琴尾被烧焦了，所以爸爸给它起了个名字叫“焦尾琴”。

爸爸的朋友听说我们得了一张好琴，就准备了一桌酒宴，要给爸爸庆祝一下。赴宴那天，爸爸带着我一起去了。快到门口的时候，我听到屋里传来一阵琴声，但听了令人心惊胆战。我小声对爸爸说：“父亲您听，这琴声好像不对呀！”

爸爸停下脚步，静静地听了一下，大惊失色道：“不好，这琴声里有杀气！”说着，带着我快速回了家。

过了一个多时辰，爸爸的朋友来到我家，问我们怎么还不去赴宴。

爸爸把情况一说，爸爸的朋友感到莫名其妙：“我刚才一边弹琴一边等你，看见一只螳螂正要扑向一只鸣蝉，而蝉要飞还没有飞走。我心里有些担心，唯恐螳螂丧失了捕蝉机会。难道我的这种心理变化，你从音乐中就能听出来吗？这太不可思议啦！”

爸爸自豪地说：“不可思议的是我的女儿，是她先听出来的。”

延伸阅读

蔡文姬归汉

东汉末年，群雄混战。蔡文姬在逃难时碰上趁火打劫的匈奴兵，被他们掠走了。匈奴兵见她年轻貌美，就把她献给了匈奴的左贤王。左贤王很爱她，就娶她做了妻子。蔡文姬在匈奴一住就是十二年，十分想念故国。

曹操统一北方后，匈奴跟汉朝的关系和好了。曹操得知他的好朋友蔡邕的女儿蔡文姬流落在匈奴，就花重金要把她赎回来。

左贤王舍不得把蔡文姬放走，但是又不敢违抗曹操的意志，只好让蔡文姬回去。蔡文姬能回到日夜想念的故国，当然高兴。但是，要她离开在匈奴生下的一双子女，又觉得很悲伤。在这种矛盾的心情下，她写下了著名的长诗《胡笳十八拍》。

回到中原后，曹操问她："听说夫人家有不少书籍文稿，现在还保存着吗？"

蔡文姬说："我父亲生前给我留下四千多卷书，但是在战乱中都散失了。不过，我还能背出四百多篇。"

曹操听她还能背出那么多，就说："我派十个人到夫人家，让他们把您背出来的文章记下来，您看怎么样？”

蔡文姬说：“用不着。我回家就把它们默写下来吧。”

后来，蔡文姬果然把她记住的几百篇文章都默写下来，送给曹操。

曹操看了，十分满意。

曹操把蔡文姬接回来，在保存古代文化方面做了一件大好事。

向水镜先生拜师
——诸葛亮

出生地：徐州琅琊（láng yá）阳都（今山东省沂南县）

中国人

政治家、军事家

生活年代：181 年—234 年（三国）

主要成就：提出“隆中对”的战略规划，帮助刘备夺取荆州、益州，治理蜀地，平定南蛮；发明木牛流马，改造连弩；一生“鞠躬尽瘁，死而后已”，是中国传统文化中忠臣与智者的代表人物

优点提炼：聪明好学，足智多谋

我叫诸葛亮，读过《三国演义》的人应该都记得我的故事吧！不过，我小时候的事情，大家就未必知道了。

我出生于一个欢乐融洽的家庭，有一个哥哥和一个弟弟。父亲对我们的教育很重视。我到上学的年龄，他把我送往当时很有名气的水镜先

生那里读书。要当水镜先生的学生可不是那么容易的事，首先要经过一轮考核。

水镜先生说："我给你出三道题，如果你都答对了，我就收你为学生；如果你答错了，那就不能怪我了！"

我满怀信心地点了点头。

水镜先生坐在一个蒲团上，笑眯眯地对我说："第一道题是，你有没有什么办法让我离开这个座位？"

我说了很多让水镜先生起身的法子，他都笑着摇摇头，显示出一副雷打不动的样子。这时，我瞟到墙角处放着一根竹棍，突然想到一个好办法。我故意对水镜先生发脾气："什么怪题嘛，我不答了！您要是不让我拜您为师，我就捅烂您家的屋顶！"说着，我拿起那根竹棍就往房顶上捅。

“万万不可，万万不可！”水镜先生一时着急，竟然忘记了自己刚才定的规矩，赶紧站起来阻止我，“别把房子捅坏了。”

看到水镜先生站起来了，我笑着收起竹棍，对他说：“先生，我赢了。您现在已经离开座位了！”

先生知道上了当，撇撇嘴说：“好吧，第一道题你过关了。那我出第二道题，你能不能做到让我寸步难行？”

要让水镜先生寸步难行，这可真有点儿难度。要知道，这是先生的家，我总不能把他关起来，再把他按在椅子上不动吧？而且经过刚才这一招儿，先生的警惕性提高了，想要骗到他，就更不容易了。

不过，这个问题还是没能难住我。我抬头看着柜子顶上的一个罐子，又想出了主意。我故意装出可怜样儿，对水镜先生说：“您那个罐子里是不是装了糖果，可以给我吃吗？”

“当然可以，不过……”水镜先生犹豫了一下。我知道他是在琢磨，这样做会不会对测试造成什么妨碍。不过想一想也知道，“去拿糖果”和“寸步难行”是正好相反的，于是他放心地答应了。

水镜先生走到柜子前，伸手去拿罐子，可是还差一点儿，够不到。我很“体贴”地给他搬来凳子。先生想也没想，脱了鞋就踩了上去。

这可又上了我的当。我把水镜先生的鞋子藏起来，然后对他说：“哈，您现在寸步难行了吧？”

先生被我弄得哭笑不得，拿着糖罐的手僵在半空，只好说：“第二道题算你过关啦！可以把鞋子还给我了吧？”

水镜先生穿好鞋子，正儿八经地坐好。我屏住呼吸，等他出第三道题。

这回先生一声不吭，只做了一个奇怪的动作：他屈着食指，伸到我跟前，又点了点。

这算什么题啊？是要我猜哑谜吗？屈着食指是要我能屈能伸，还是要我鞠躬？食指做点头状，这又是什么意思呢？我用手托着腮帮，在水镜先生跟前踱来踱去。过了好一会儿，我终于明白了老师的用意。

我一改刚才嘻嘻哈哈的表情，很严肃地向水镜先生鞠了一躬，然后说：“先生，您是希望我做一个‘鞠躬尽瘁，死而后已’的人，对吗？”

水镜先生赞许地点了点头，说：“不错！你的聪明伶俐，我已经了解了。但是做人最重要的是诚实谦卑，将聪明用到正途上。你可记住了？”

“嗯，弟子记住了。”我认真地回答。

从那以后，我正式成为水镜先生的弟子，跟着先生学习本领。

在我上学那会儿，没有计时的工具，上下课的时间都只能凭阳光下影子的位置来判断。等到阴雨天，没有影子可循，就只能通过公鸡打鸣来显示时间了。先生特地训练了一只公鸡，定时给它喂食。这样久而久之，公鸡只要饿了，就会打鸣，催我们下课。

可让我恼火的是，这只公鸡经常在我上课听到兴头上时就打鸣了。为了能延长听课的时间，我想出了个好主意：趁公鸡还不饿的时候，就喂给它吃的。这样，它不觉得饿，也就不会打鸣了。

就这样过了一些日子，我每天上课的时间都比以前长，学到的知识也比以前多了。可谁知，我正为自己的聪明而得意呢，水镜先生却觉察出了不对劲。他奇怪地问大家：“你们有没有觉得，最近公鸡没有按时打鸣了啊？”

同学们也都有这样的感觉，但又不知道是怎么回事。当然，这是属于我一个人的小秘密。要不要把实情告诉大家呢？先生会不会大发雷霆呢？我心里着实有些害怕。但是想到如果我不站出来说明事情的真相，就不是个诚实的人了。于是，我战战兢兢地站起来，老老实实地向大家承认了错误。

听了我的“招供”，大家议论纷纷。水镜先生则大发雷霆：“胡闹！天气、时令都有定数，怎么能由你随意更改？如果你想多学知识，可以单独留下来继续学习，也可以私下里来问我。你现在还在求学，就用耍小聪明的方法改变公鸡鸣叫的时间；以后去做大事，难保不投机取巧，酿成大祸！”

先生说完，当场把我的书烧了，不再认我这个学生了。我没想到自己的行为会造成这么严重的后果，赶紧跪下来，真诚地向先生认错。

过了一段时间，老师的气消了一些，他也看到了我用心改过的诚意，终于原谅了我。老师的做法让我明白，做事要踏踏实实，用心去做，切不可投机取巧，凭借小聪明取胜。

延伸阅读

诸葛亮与馒头

相信大家一定都吃过馒头，但对于馒头是怎么来的，却不一定有所了解。大家肯定想不到，馒头与诸葛亮还有一定的渊源呢！

三国时候，蜀国南边不时会受到南方少数民族的袭击。为了平定边疆，诸葛亮带兵亲征。可是那些地方人烟稀少，瘴

气很重，过河常受激流阻隔。

面对瘴疠险阻，诸葛亮心急如焚。传说有人建议，用敌人的头颅去祭祀河神，就能平息河神的怒火，保佑大军顺利过河。当然，用活人祭祀是很残忍的事情。于是诸葛亮想出一个主意：把面粉和成面团，捏成人头的模样蒸熟，当作祭品祭拜河神。

从此，这种面食就流传下来了。因为当时称西南边疆为“蛮地”，把当地人称为“蛮人”，就把这种面食叫作“蛮头”。但是，“蛮头”这种叫法实在是有些吓人，于是人们后来就把“蛮”字改成“馒”。“馒头”从此诞生，并流传到全国各地，渐渐成为很常见的一种食品。

“相煎何太急”——曹植

出生地：东武阳（今山东省莘县）

生活年代：192 年—232 年（三国）

主要成就：建安文学的代表人物，与曹操、曹丕并称为“三曹”；著有《洛神赋》《七步诗》《画赞序》等作品

优点提炼：聪明，机智

我叫曹植，生活在三国时期。我的父亲很有名气，他就是“挟天子以令诸侯”的大汉丞相曹操，后来高居魏王之位，成为整个王朝的真正统治者。

我是父亲的第三个儿子。父亲有很多儿子，各个都很出色，有的能

征善战，有的深谋远虑，有的机智聪敏。要在众多优秀的兄弟中脱颖而出，显然不是一件容易的事。

因为我从小就才华出众，出口成章，所以父亲很疼爱我。我是父亲非常喜爱的孩子之一。有一次，父亲在邺城建造了一座铜雀台。他很喜欢这个地方，经常召集很多有才华的人去铜雀台上作诗写文章。虽然当时我只有十多岁，也被带上和他们一起去了铜雀台。

我的年纪比他们都小，可一登上铜雀台，我就被周围的美丽景色迷住了。我忍不住拿起笔，写下了一篇歌颂铜雀台的文章，叫作《登台赋》，然后第一个将文章交给了父亲。父亲看了我的文章之后，更加喜欢我了。

慢慢地，父亲开始教导我处理政事。因为我又聪明、又勤奋，很快就学会了一些治政的道理和方法。在父亲烦恼的时候，我可以和他一起分析朝堂事务，帮他分忧。因此众人开始肯定我的能力，我也渐渐在朝堂上树立起了威信。

让我没有想到的是，我大哥曹丕把这一切都看在眼里。他忌妒父亲对我的感情，害怕父亲将来会把王位传给我，于是对我产生了怨恨之心。他甚至还将我视作敌人，想办法来伤害我。

和大哥拉帮结派的那些大臣也怂恿大哥尽早除掉我。他们还不断地在父亲面前指责我的不是，甚至污蔑我。

父亲死后，大哥曹丕继承王位，当上了魏王。大哥一直担心我会威胁他的王位。当时正好有人谋反，大哥就找了这个理由，一口咬定我是主谋。

一天中午，大哥假装叫我去他那里商议事情。可我一进宫门，就被埋伏好的卫队围住，被强行带到大哥面前。

我还没有弄清楚是怎么回事，大哥就责骂我想要谋反，抢夺他的王位。说完，他就命令卫兵把我押进大牢准备处死。

大哥的态度让我很伤心，没想到兄弟之间为了王位，会做出这样残忍的事情，我简直不能面对这个事实。

这时，我们的母亲听到了这个消息，急匆匆地赶了过来。她哭着责骂大哥，要求他放过我。大哥碍于母亲的面子，不好直接对我动手，于是他说："我给你个机会，如果你能在走七步路的时间里作出一首诗来，我就放过你。"

七步成诗，这对一般人来说，几乎是不可能的。但我相信自己可以做到。我问大哥："你想要我作一首什么诗，以什么为题材？"

大哥看到桌案上的一盘豆子，随口说："就以豆子为题材，写我们之间的兄弟情分。"

我略一思索，迈出第一步时就想出了一句："煮豆燃豆萁……"

又迈一步，想出第二句："豆在釜中泣。"

想到我和大哥从小一块儿长大，一起玩耍，关系亲密。现在竟然要手足相残，我忍不住热泪盈眶，又迈了三步，吟出了第三句："本是同根生……"

大哥听到这句也有所触动，眼神复杂地看了我一眼。

我在第七步落地时吟出最后一句：“相煎何太急？”

这首诗虽然用词浅显，立意却很深：用豆秸煮豆子，豆秸在锅底下燃烧，豆子在锅里面哭泣。豆子与豆秸本来是同一条根上生出来的，现在豆子却要被豆秸燃烧的火焰，残酷地煎熬。这是多么残忍的事情啊！其实我们兄弟之间不也是这样吗？我真希望大哥不要骨肉相残，伤害至亲的兄弟。

作完这首诗，我伤心地对大哥说：“虽然你是君王，我是臣子，但是你我乃同父同母所生，有着割舍不断的血肉亲情。我并不想和你争夺权力，你何必要对我苦苦相逼呢？我们手足相残，只会让去世的父亲在九泉之下不得安息，让那些挑拨离间的人得意扬扬。”

大哥听了我的话，惭愧地低下了头。

最后，大哥下令将我释放，不再追究这个问题。我用智慧挽救了自己的生命。

延伸阅读

曹植的艺术才华

曹植有着出众的才华，是建安文坛杰出的代表人物。他的辞赋《洛神赋》是经久不衰的浪漫主义名篇。

曹植在这篇赋里虚构了他在洛水边与洛神相遇的经过。通过他的描述，洛神美丽无比的身影翩然若惊飞的鸿雁，婉约若游动的蛟龙。她的发髻高耸入云，眉毛弯曲细长，红唇鲜润，牙齿洁白，有一双善于顾盼的闪亮眼睛，脸上露出甜甜的酒窝……

对于一个完全虚构的人物，曹植居然将她刻画得如此生动传神，表现出他丰富的想象力和深厚的文学功底。

南朝大诗人谢灵运曾经这样赞扬曹植："天下才有一石（读dàn，古代容量单位，一石有十斗），曹子建独占八斗，我得一斗，天下共分一斗。”意思是说，如果全天下的才华分成十份，曹植一个人就拥有八份。成语“才高八斗”最初就是用来形容曹植的。

少年医者——孙思邈

出生地：京兆华原（现陕西省铜川市）

生活年代：581年—682年（唐）

主要成就：被后人誉为“药王”或“医神”；编有《千金方》(《千金要方》和《千金翼方》的合称，是中国最早的一部临床医学百科全书）

优点提炼：孝顺父母，刻苦钻研医学

我出生在一个贫困家庭，爸爸是个木匠，妈妈替人洗洗补补，全家人靠挣点儿血汗钱勉强度日。

我本来就体弱多病，五岁那年又得了一种怪病，咳嗽起来没完没了，严重的话会咳得面红耳赤，涕泪交流，青筋怒张，身体缩成一团。体质强一点儿的小孩儿咳过之后能照常活动玩耍，我咳过之后就像煮熟的面条一样，浑身一点儿力气也没有。为了治好我的病，爸爸背着我四处求医问药，本来不富裕的生活就更加贫穷了。

一天，爸爸背着我到十几里外的一座山上去找医生看病。等看完病回家时，太阳已经快落山了。爸爸背着我，走一会儿，歇一会儿，刚走到半山腰，天就黑下来了。走着走着，爸爸突然站住了，一只手托住背上的我，一只手向前摸索着，紧张地问道："孩子，路呢？路在哪里？"

我从爸爸的背上下来，转到前面一看，却见爸爸的两只眼睛睁得大大的，怎么会看不见路了呢？我吓得哭了起来："爸爸，你怎么啦？你的眼睛怎么啦？"

爸爸平静了一下，说："孩子，没事。我得的是雀盲眼（夜盲症），有时候天一黑就什么也看不见了。"

我不让爸爸再背我了，爸爸死活不同意。我只好伏在爸爸的肩头，指点爸爸顺着坑坑洼洼的小路，深一脚浅一脚地回到了家。那天晚上，我哭了一路，眼泪把爸爸的衣服都打湿了。

几年后，我的病好不容易治好了，爸爸和妈妈的身体却越来越差了。爸爸的雀盲眼越来越严重，妈妈也得了一种粗脖子病。为了帮助家里减轻些负担，我开始给父亲打下手，做些杂活儿。

有一次，爸爸坐在凳子上，我坐在地上，我们俩各拉着锯子的一头儿，一上一下，慢慢地锯着木头。爸爸见我这么懂事，心里很高兴，随口问道："孩子，你长大了想干啥呀？"

我不慌不忙地说："我长大了要当医生。"

爸爸问："为什么呀？"

我说："我要把爸爸的雀盲眼和妈妈的粗脖子病治好。"

爸爸见我这么有孝心，就把我送到一个有名的医生那里当学徒。这之后的几年里，我跟着师傅一边学习文化知识，一边学习医术。我的医学水平提高很快，还从师傅那里学到治粗脖子病的办法，治好了妈妈的病。可是，怎么才能治好爸爸的雀盲眼呢？

我问师傅："为什么得雀盲眼的大多数是穷人，而有钱人却很少得这种病呢？是不是跟饮食有关系呢？"

师傅想了想，说："你的想法很有道理。这样，你不妨给病人多吃点儿肉，看看效果怎么样。"

我按照师傅的吩咐，让一位得雀盲眼的病人每天吃几两肉，但是没什么效果。我不死心，每天翻看师傅的医书，终于有了重要发现：肝开窍于目，受血而能视。我想：为什么不让病人吃牛羊肝试试呢？

于是，我给病人开了新的药方。结果不到半个月，病人的病就好了。我用这个方法给爸爸治病，爸爸的眼睛也很快能在夜间看得见东西了。

为了维持家里的生活，我不再当学徒，而是找了一份给人家拉锯

解板的工作。但我时时不忘学习医术，随身的行李中装满了医书，一有时间就刻苦研读，在找活儿的路途中还特别注意搜集民间的草方、验方和秘方。

有一天，我正在路旁的大树下给别人拉锯解板，看见一个中年农妇抱着一个孩子从路上走过。也许是走得太急，也许是太过劳累，那位农妇忽然跌了一跤，但她还是紧紧地抱着自己的孩子。我赶忙跑过去扶起农妇，发现她怀中的孩子面色苍白，奄奄一息，好像是得了重病。

我关心地问：“大嫂，这孩子是不是病啦？”

农妇点点头，急得差点儿哭出声来。我拉起孩子的手腕，号了号脉，又仔细地看了他的舌苔，低头苦思起来。当我抬头看到树下那堆刚锯下的檀香木（是一种中药）锯末的时候，心里猛然一亮：这不正是给孩子治病的良药吗?

想到这里，我抓起一把锯末，交给农妇，说："你把锯末拿回去，用生姜作引子，煎汤给孩子服下去，保准会好。"

农妇半信半疑，拿着锯末抱着孩子走了。几天以后，那个农妇带着孩子找到我家里来感谢我，说按照我说的方子去治，孩子的病已经好了。

这件事没过几天，我的婶婶得了一种病，身体越来越虚弱，瘦得只剩皮包骨头了。我经过诊断后，配了一瓶医治寄生虫病的药酒，送给绝望中的婶婶。婶婶喝了我配制的药酒，又吃了我开的几剂汤药，很快就祛除了虫子，康复了。

从那以后，我信心大增，开始给周围的乡亲们治病。大家都夸我医术高明。

延伸阅读

命名“阿是穴”

终南山有一位老猎人患了腿疼病，病发时疼痛难忍。在多方求医无效后，他来到孙家，求孙思邈医治。

孙思邈一连治了将近半个月，老猎人的病不见好转。老猎人感到自己得了不治之症，不想治了，便要告辞回山。孙思邈劝他再住半个月，决心一定把老猎人的病治好。

他想：半个月来给老猎人吃的是一般的舒筋止痛汤，扎针的穴位都是十四经内的穴位，但毫无疗效。是不是可以超出十四经的穴位，另寻新穴位试试呢？

他请老猎人躺在土炕上，手指在老猎人腿上一分一寸地掐试针穴，并不停地问道：“是不是这里疼？是不是这里疼？”

老猎人不断地回答：“不是，不是……”

当他掐试到三阴交穴上方的一个部位时，老猎人突然大叫道：“啊——是！”

孙思邈掐住这个疼点，确定这个部位肯定不是行针的危险区后，就毫不犹豫地把一根细长的银针扎入这个穴位。过了一会儿，这位老猎人便觉得呼吸均匀，腿疼减轻了。七天后，老猎人的腿疼病痊愈了。

孙思邈送走老猎人以后，想给这种没有固定位置，哪里痛、有反应哪里就是下针处的穴位起个名字。因为起初在老猎人身上找到这个穴位时，老猎人喊了声：“啊——是！”于是他就给这种穴位起名叫“阿是穴”。

小神童断案——狄仁杰

中国人

政治家

出生地：井州太原（今山西省太原市）

生活年代：630 年—700 年（唐）

主要成就：辅国安邦，是将唐代推向繁荣的重要功臣之一；断案如神，被称为“中国的福尔摩斯”

优点提炼：聪明机智，思维缜密

我出生于一个官宦家庭，祖父和父亲都是朝廷命官。出于美好的希望，他们给我取名“狄仁杰”，希望我长大以后既仁义又杰出，成为对天下苍生有用的人才。

在传统观念中，家有男儿肯定得寒窗苦读，参加科举，最后进入仕途。我也不例外，每天在老师的教导下学习儒家经典，积累了丰富的知识。与此同时，由于父亲官位的不断升迁，我们一家人跟着他搬来搬去，宦游各地。每到一个地方，我都会看到很多不一样的东西，因此也开阔了眼界，懂得了如何将书本上的知识和现实生活联系起来。

有一次，我家的一个用人被害了，大家都很惊慌。县吏前来调查真凶，排场很大，大家都接受了查问。只有我照旧在屋内读书，没有理会外面的吵闹。最后县吏走进我的书房，以责问的口气对我说："本官办案，你为什么置之不理？"

我看了他一眼，不在意地说："书中有那么多道义高深的圣人，我都来不及一一拜会，哪有时间理会俗世上的这些纷纷扰扰？"

县吏觉得很没面子，大声呵斥："小孩儿大胆，你敢违抗本官！"

"我自身清白，问心无愧，仅仅是享受读圣贤书的快乐罢了。有什么不对吗？"我反问他。

"你……"县吏听了我这番话，没趣地走了。

事后父亲问我为什么对县吏那副态度，我说："我就看不惯他那副无能又嚣张的样子。他这样兴师动众，集体问罪，怎么可能抓到凶手！"

父亲点点头，问道："如果你是那个县吏，会怎么做呢？"

我说："如果我是他，我一定会仔细勘查现场，看能不能找到什么东西做物证。"

父亲听我说得有道理，就带我到案发现场查看。说也奇怪，我竟然一点儿都不害怕，反倒还透着一股子莫名的激动。

我仔细察看案发现场，发现角落里有一个带血渍的手掌印，手印上现出六个手指头。这可是一个惊人的发现！我让父亲去查访有六个手指的人，果然查出了真凶。

家里人听说了这件事，都向我投来赞赏的目光。这件事对我启发很大：原来把书本上的知识融入生活中，不仅可以解决很多问题，还可以帮到周围的人。从此，我就更加勤奋地读书，并且对身边的事更加留意。

一天中午，我和父亲带着两个仆人在街上溜达，看见一个衣衫褴褛的小孩儿趴在路边一块大石头上哭泣。看着年龄和我差不多的他流浪街头，我心生同情，好奇地跑过去问："小弟弟，你哭什么？有谁欺负你了吗？"

小孩儿抽泣着，满眼泪水地看着我："我上午卖油条的钱全被人偷走了！"

经过仔细盘问，我们才知道，这个小孩儿的父亲很早就过世了，只有母亲一个人抚养他长大。最近母亲也生了重病卧床不起，他一个人出来靠卖油条赚点儿钱，给母亲买药治病。他说今天的生意不错，刚数过了，一共卖了三十多个铜板呢！因为太累，他便在路边石头上睡着了，哪知醒来后发现身上的铜钱全都不见了。

听到这里，我关切地问："你睡了多久？"

他边哭边回答："呜呜……没多久，我就打了一小会儿盹儿……"

"那你还记得都有谁路过你的身边了吗？"

"不记得了，呜呜……"这时，周围看热闹的人越来越多。

"我知道了，肯定是这块石头吞了你的钱！"

围观的众人听到我这么一说，都纷纷议论，说我有毛病，还逞能要抓到小偷。小孩儿也哭得更厉害了。

我对身后的仆人耳语几句，让他们用大锤子狠狠地捶打路边的大石头，并大声叫嚷着："破石头，你今天不还钱，我就把你打得稀巴烂！"

周围的人更是丈二和尚摸不着头脑。人群中不时爆出声音："小兄弟，你这是胡闹！"并且不时地发出阵阵嘲笑声。父亲也打算拉着我回家，怕我多管闲事出丑。

我见众人都在笑我，趁势说："你们竟敢藐视我，现场的人每人罚一个铜板！"并叫人搬了一桶清澈的水过来，要他们把铜板丢进水桶里。

众人出于好奇，自然想看我怎么收场，都纷纷配合。他们一个个过来把铜板扔进水桶。我眼睛一眨不眨地盯着水桶。"咕咚"，又一个铜板投了进来。只见水面上浮起了一层油花，我眼前一亮，马上命令仆人把那个投铜板的人抓起来。

大伙儿更惊讶了，问道："你为什么就断定他是小偷呢？"

我这才道出其中的蹊跷：“因为这个小孩儿说自己没睡多久，我断定这个小偷肯定还在周围转悠，于是就找人砸石头引起点儿轰动，把小偷吸引过来。至于为什么要大家把铜板投进水里，你们想想，小孩儿是卖油条的，他拿过的铜板上面肯定有很多油，并且他还仔细数过一遍，证明这铜板上的油比一般铜板上的要多很多！”

众人听我这么一解释，都恍然大悟，纷纷给我鼓起掌来，称赞我聪明机敏。我听了之后，心里也乐滋滋的，觉得自己是个有用的人。大家投的铜板既能帮助小孩儿渡过难关，同时也让坏人现出了原形。

后来，我还帮周围的乡亲们解决了很多生活小难题，他们给我取了一个绰号——断案神童。

延伸阅读

狱中自救

狄仁杰深受武则天的重用，曾经官居宰相之位，武则天亲切地称他为“国老”。但是，这样一位德高望重的朝廷重臣，却曾经被人陷害，以谋反罪入狱。

负责刑狱的来俊臣是当时臭名昭著的酷吏。他对狄仁杰严刑拷打，将他屈打成招。随后，来俊臣又拿出一个名单，

威逼利诱狄仁杰："只要你说这个名单上的人都是你的同伙，我就减除对你的刑罚。你看怎么样？"没想到，狄仁杰听到这话，高呼一声："天啊，我狄仁杰怎么可以做这种违背良心的事！"说完，他一头朝监狱的铁柱上撞过去。因为当时还没有结案，来俊臣怕闹出人命，急忙让手下将狄仁杰救下来。

后来，狄仁杰偷偷写下申冤血书，藏在棉衣里让人带出监狱。他的家人明白他的用意，将棉衣中的血书取出，呈送到武则天面前，终于让狄仁杰洗雪沉冤，官复原职。

机灵“小不点儿”——张九龄

中国人

政治家、文学家、诗人

出生地：韶州曲江（今广东省韶关市）

生活年代：678 年—740 年（唐）

主要成就：直言敢谏，选贤任能，敢与恶势力做斗争，为“开元盛世”作出了积极贡献；他的五言古诗诗风清雅，为扫除六朝遗留下来的绮靡诗风作了很大贡献，被誉为“岭南第一人”

优点提炼：文思敏捷，机智胆大

古时候，岭南（今广东、广西、海南等地）是偏远的地方。那里车马不通，人烟稀少，经济也不怎么发达。但是那里风景秀丽，民风淳朴，是个世外桃源般的好地方。呵呵，跟大家说这些，是因为我就出生在这片奇特的土地上。

说起我的出生，还有个神奇的故事呢！虽然有些让人难以相信，但父亲说那一切都是真的。据说，我在母亲的肚子里待满了十个月之后，还迟迟不肯出来和大家见面。父母心急火燎地想了各种法子，可我就是千呼万唤不出来。

有一天，一个僧人来到我的家乡化缘，碰到我的父亲。他向父亲行了个礼，客气地问道："请问施主是否名叫张宏愈？"

父亲先是一愣，然后礼貌地回答："我正是张宏愈。师父远道而来，一定很辛苦，不妨上我家歇息歇息吧！"于是便把僧人请到我家。

到家后，僧人交给我父亲一封信，略坐片刻，就走了。我父亲打开信一看，信上说我是个富贵命，长大后一定能成为大人物，要我父母去一个霞光满天、白鹤齐集的地方，我才能顺利降生。于是父母马上打点好行装，坐船离开家乡，沿途寻找僧人说的那个地方去了。

第二天早上，船行到一片大的垭口时，忽见窗外彩云霞光满天，九只白鹤在天空盘旋。这样奇特的景色，大家都从未见过。说也奇怪，母亲这时突然腹痛难忍，不一会儿，我便出生了。

母亲说，她在怀我的时候曾经梦到过一条大鲮鱼。因为我的眼睛和鲮鱼的眼睛特别像，加上我降生时出现九只白鹤，于是给我取名"九鲮"，后来又改名为"九龄"，取鹤寿松龄之意。

就在我出生的这一年，父亲进京赶考，参加吏部选试，幸运地被朝廷选中，被安排到离家不远的地方掌管地方军队和民政事务。

父亲即使平日很忙，在教育我的方面也从不含糊。加上我聪明好学，从小起，我就得到了很多乡里乡亲的夸奖。

七岁那年的春天，我和父母一起去宝林寺游玩。大家一路上欣赏着大好春光，载歌载舞，吟诗作对，好不热闹。恰巧那天，有一位博学多才的太守也率领衙门的官员们去宝林寺进香朝拜。

来到寺庙后，我看到寺庙里的桃花开得正旺，禁不住诱惑，就摘下一小枝拿来赏玩。看到太守一行过来，我怕被盘问，便把桃枝藏在宽大的衣袖里，然后欢快地跑到一边去玩了。

我的这一举动哪里逃得过太守的眼睛。他见我活泼可爱，便走过来躬下身逗我说："孩子，我出个对子，你如果能对得上，我就拿供果给你吃。你敢不敢？"

对对子，这不是我的日修课吗？我看看供台上的果子，实在诱人。虽然我年纪还小，可初生牛犊不怕虎，就毫不犹豫地回答："好啊，那你可要说话算话啊！"

"君子一言，驷马难追！"

"好，一言为定！"

太守看着我藏在袖子里的桃花，口中念道："白面书生袖里暗藏春色。"

我知道太守说的是我，心想自己的举动既然被他看在眼里了，便不假思索地应道："黄堂太守胸中明察秋毫。"

太守没想到我能应对得这么快，还认出他是太守，心里有些吃惊。他以为我会趁机跟他拉关系，于是又出了一联："一位童子，攀龙攀凤攀丹桂。"

我心想：我才不想跟你攀龙附凤呢！我是来拜菩萨的。我把视线挪到一旁，看到不远处有三尊高高的大佛，灵机一动，应道："三尊大佛，坐狮坐象坐莲花。"

听了我的对答，太守哈哈大笑起来。他对着众人点头称道："这个小孩儿不得了！虽然天真烂漫，却是才思敏捷，长大后肯定会有所作为，哈哈哈……"

站在一旁观看的父亲，脸上这才绽放出了笑容。周围的人也都对我竖起了大拇指，我心里的自豪感也油然而生。那天我如愿吃到了供果。虽然果子和平时的没什么两样，但我总觉得那天的特别香甜。

后来，我步入仕途，成为一代宰相。人们说到我的成长，总会想起我出生时那些玄妙的情形。其实只有我知道，我的一切主要归功于父亲的教导。他不仅在文学修养方面对我悉心加以指导，而且在为人处世、品质修养上，也颇费了一番功夫指引我。后来，我一直恪守他的教导，做一个刚正不阿、注重实干的人。

延伸阅读

为民做主

唐开元十五年（公元727年）三月，张九龄因直言被免去丞相职务，贬为洪州刺史。一到洪州，他便与随从一起深入乡村体察民情，并夜以继日地清理积案。

有一天，在狱吏陪同下，张九龄亲自巡视牢房。当他来到死囚牢时，看到牢内关押着一位披枷戴锁的老人。老人一见张九龄，知道是一位新来的大官，连忙跪地央求："大人，冤枉啊！

大人，您要为我做主啊！”

张九龄见状，赶紧停下来询问，得知是当地有一个恶霸为非作歹，强抢妇女，在争执中，老人的女婿被恶霸打伤，老人也误伤了恶霸的家丁，恶霸反咬一口，诬陷老人行凶，不但抢走了老人的女儿，还要将老人置于死地。张九龄听老人说完，马上查看卷宗，发现这一案件确实存在不少疑点，于是决定彻查此事。

经过详细的调查之后，张九龄惩治了恶霸，为老人平冤昭雪。之后，张九龄又依法判决了一批批悬而未决的案件，更释放了许多蒙冤入狱的囚犯。囚犯们个个感激涕零。两年后，张九龄离任南下。洪州百姓对他依依不舍，送了把万民伞给他。这是为颂扬地方官的德政而赠送的伞，意思是夸赞张九龄像伞一样遮蔽着一方的老百姓。

开动脑筋的乐趣
——王安石

政治家、
文学家、
思想家、
改革家

中国人

出生地：抚州临川（今江西省抚州市）

生活年代：1021年—1086年（北宋）

主要成就：变法图强，收复五州

优点提炼：爱动脑筋

我叫王安石，父亲是管辖一方的官吏。我的家庭虽然说不上大富大贵，但我从小跟随父亲游历大江南北，不但开阔了视野，也丰富了阅历。当然，家里对我的教育也不马虎，我从小就饱读诗书、能言善道，成为一个与众不同的孩子。后来，我聪明伶俐的名声在附近传开了，大家总喜欢拿我开玩笑，想出各种法子来考我。

有一年，我们全家住在临川城内的盐埠岭，附近有一家面馆的面条十分好吃。我每天上学从那里经过，都要吃上一碗才会心满意足地去上学。久而久之，我跟面馆的人也都混熟了。

一天早上，我像往常一样来到面馆吃面。进门后，我选了个座位坐下来，却感觉今天的气氛有点儿不对劲。刚坐下来，一个伙计就对我说："听说你很聪明，今天我们来考考你啊！"

我笑了笑，说："好啊！"

伙计神秘地一笑，并没有告诉我考什么就离开了。我心想，他们会出什么怪题来考我呢？难道是出个对子，或者是写一首诗？我左思右想，都想不出一点儿眉目来。

就在我反复揣摩伙计的用意时，不知不觉已经过了好一会儿，比我后进店的人也都吃完离开了。难道这就是给我出的考题？如果是考我饿肚子的话，我还是认输算了。

就在我有些纳闷儿时，又有一位伙计拿了双筷子递给我，说："你的面做好了，不过大师傅说让你自己去端！"

"难道给我出的考题就是自己端面吗？这也太小儿科了吧！"我拿着筷子往厨房走去。只见灶台上放着一碗热腾腾的面，不过面堆得跟小山似的，汤汁也满满的，似乎就要从碗沿上溢出来了。要是贸然去端，汤水一定会洒出来，说不定我还会被烫伤呢！

大师傅看着我，一脸和蔼地说：“这碗面可是我特别花了心思为你做的，里面的菜码儿很足。如果你能稳当地把它端到前堂去，而且一滴汤水都没有洒出来，我就免费送给你吃，怎么样？”

我看着碗里堆得满满的肉菜码儿，又是馋又是急，心想：看来等这么久还是值得的。不过要怎么做才能“滴汤不洒”呢？我小脑瓜儿转了转，一个小主意“嘣”地跳了出来。

我拿起筷子往碗里一戳，夹起满满一筷子面条，碗里面的汤也就沉下去了很多。这样，我左手端着面碗，右手用筷子挑着面条，一滴汤不洒地把面条端到了前堂，然后坐下来津津有味地吃起来。

看着我那得意的样子，大师傅和伙计们也都竖起大拇指夸奖我。看来，只要开动小脑瓜儿，没有什么事是做不到的啊！

后来，这件事传到我父亲的耳中。虽然从他的表情可以看出，他对我的表现还是十分满意的，但他却故作严肃地说：“这种雕虫小技不算什么，以后考验你的机会还多着呢！”

那年秋天，天空下着毛毛细雨，我正在书房看书。父亲推门走了进来，笑眯眯地看着我，说：“别人都跟我说你是聪明的小家伙，我也以你为傲。今天让我见识一下你的真正实力！”

“好啊！”父亲的话都说到这个分儿上了，我当然也只好接招儿了。虽然不清楚他会出什么难题，但我对自己却有十足的信心。

父亲指着窗外，说：“如果你能设法让我站到院子里去淋雨，我就认为你是真正的聪明。”

果然父亲的这一招儿不是那么好接的。我沉思了一下，装作犯难的样子苦笑着说：“下雨天当然要待在屋里，我怎么可能让您出去淋雨呢？”

父亲摇着头，说：“这么快就认输了，这可不像你啊！原来你的聪明也不过如此啊！”

父亲叹了口气，脸上闪过一抹不易察觉的失望。

我在心里暗暗笑了笑，就说：“虽然我不能让您站出去淋雨，但如果您在外面，我倒能想法子让您进到屋里来。您信不信？”

“哦？”父亲的眼神又亮了起来，然后一边往外走，一边说，“我倒要看看你怎么把我请进来！”

看到父亲走到雨中的院子里，我在房中踱来踱去，装作在思考的样子。过了好一会儿，我都没有叫父亲进来。父亲在雨中等得有些不耐烦了，就问："你还没想到办法吗？"

"哈哈，爹，您不是已经站在雨中淋雨了吗？我成功了！"我狡猾地说道。

这时，父亲才恍然大悟，啧啧称赞道："看来你还真有点儿小聪明啊！"

"爹，别只顾着说话，赶紧进屋吧。要是淋多了雨，生病就不好了！"我一脸关心地说。

父亲想也没想，就一路小跑着进了屋。我又说："爹，这次我又把您'请进屋了'！"

"你这个小鬼头！"父亲满意地摸摸我的头。

这样，我算是通过了父亲的两次考验。果然只要肯开动脑筋，世上什么问题都会迎刃而解的。

延伸阅读

生花笔

王安石从小就有大志向。年纪稍长，他就挑着书箱和行李去江西宜黄的一所书院求学。在老师的指导下，他每天勤奋苦读到深夜。

有一天，王安石在书中看到一个小故事，说的是李白梦见自己所用的笔头上长出一朵美丽的花，随后他就才华横溢，名闻天下了。

王安石想：天下真的有这么神奇的事吗？他自己找不到答案，于是就向先生请教："先生，天下真的有能够生花的笔吗？"

"当然有啊！不过不是所有的笔头都会生花，而且有些笔虽然生花了，但是我们肉眼也看不到。"先生一本正经地说道。

王安石接着问："先生，您能送我一支生花笔吗？"

先生抱来一大捆毛笔，说："这些毛笔中，有一支是生花笔。但我也不知道是哪一支。告诉你一个最直接的方法，就是用每支笔写文章，写坏一支再换一支。这样写下去，总能找到生花笔的！”

王安石受到先生的指点，每日勤写文章。可是换了五百支笔后，王安石的文章也没有多大的进步，看来还是没找到“生花笔”。他有些灰心了，于是又向先生求教。

先生一句话也没说，只挥笔写下“锲而不舍”四个字送给王安石。

接过先生的墨宝，王安石又像充满了电一般，继续发奋写文章。终于在用到第九百九十九支笔写文章时，他感觉文思如泉涌，挥笔一气呵成。王安石终于找到“生花笔”了！

当官和救人的抉择——李时珍

出生地：黄州府蕲（qí）州（今湖北省蕲春县）

生活年代：1518 年—1593 年（明）

主要成就：历时 27 年编成《本草纲目》一书，这是我国古代药物学的总结性巨著

优点提炼：坚持梦想，善于学习

我叫李时珍，出生于一个医学世家。如果你认为医学世家很风光的话，那就大错特错了。在我生活的时代，民间医生被视为“下九流”，社会地位十分卑微，还常常受到官绅的欺辱。就因为这样，家里人并不希望我重蹈覆辙，走行医的道路，而是希望我能读书应考，博取功名，

有朝一日出人头地。

可是我从小就对八股文很不屑，学习起来也力不从心。也许是因为从小受到家人的医学熏陶，我对医学更有兴趣。

我家的后院里种着各种药草。从小，我就跟着父亲一起照料这些药草，观察它们发芽、生长、开花和结果的过程。然后我又跟父亲一起采摘，把它们制作成药材。这些事情虽然琐碎，而我却乐在其中。因为长期耳濡目染，我对医学的兴趣越来越浓厚，也逐渐积累了不少行医的知识和技术。但在这个时期，我的“主业”还是读书，为将来步入仕途做准备。不过后来发生了一件重大的事情，让我下定决心学医了。

那年，我的家乡突然流行一种烈性传染病——天花。邻居家的一个小伙伴得了这种病，没过多久就去世了。虽然我当时年纪还小，不懂得死亡到底意味着什么，但是看到生活中鲜活的一条生命突然就离我而去，那份突来的孤独和失落感让我很伤心。我突然感受到生命的脆弱。

几天后，我的堂弟也因为出天花去世了，全家人都陷入了悲痛之中。大家的心情还没有平复下来，就发现一场大灾难正在蔓延——镇上有越来越多的人得了天花。每天都有人因为得天花而倒下，每天都有尸体被抬出去悄悄地掩埋。一时间，我们这个平静的小镇被笼罩在一片恐慌之中。

看到乡亲们这么痛苦地生活在天花的魔爪下，我突然想，要是我有能力治好这个病，为乡亲们排忧解难，不是比读书做官更有意义吗？

第二年春天，这场由天花造成的灾难渐渐平息，但我想学医治病救人的想法却更加坚定了。不过，我的这个想法却受到了父亲的制止，他说什么也不同意。

为了逃避父亲的限制，我没有利用家族的优势向长辈学习，而是去镇上找了一位名医，拜他为师。

在我拜师的第一天，师傅拿出七本厚厚的医书摆在我面前，说："你先把这些研究透吧！"

我虔诚地接过医书，把自己关在房里埋头苦读起来。因为有一定的医学基础，书上的很多知识我以前或多或少都接触过。只花了不到半个月，我就把这七本书都看完了。

随后，我每天跟在师傅后面，看他如何给病人诊断病情，用什么药物，有哪些注意事项，并且用心地记了下来。闲暇的时候，我会搜集各种医书来看，或者拿出穴位图练习针灸。

我一直没有忘记自己的誓言，立志找到治疗天花的药物。每次遇到对天花有克制作用的药材，我都要仔细研究一番。功夫不负苦心人，几年以后，我发现有人服用了白牛虱，可以防治天花，于是我把它记载在《本草纲目》里，挽救了很多天花病人的生命（这种方法与种牛痘很相似，人接触到牛虱后，可以对天花病毒产生免疫力）。

我从小的心愿算是得到了实现。但我也知道，我在医学的道路上越走越远，也就与父亲对我的期望越来越远。不过，父亲看到我能为老百姓治病，减轻、解除他们的痛苦，也就不再阻拦我的发展，最终认可了我的选择。

延伸阅读

开棺救人

李时珍后来成为一代名医，民间流传着许多他行医的故事。

据传，有一次，李时珍正在路上走着，看到一群人抬着一具棺材送葬，但棺材里竟有血在往外流，就问送葬的人是怎么回事。送葬的人说，死者是一个孕妇，在生孩子时难产而死。

李时珍走近棺材，发现里面流的是鲜血，急忙喊道："快停下来，棺材里的人还活着呢！"

听到李时珍的话，大家都有些不敢相信。

按照世俗的说法，"逝者已矣，入土为安"。如果再开棺惊动逝者，显然是对逝者的不敬，而且也很不吉利。

这时，大家都犹豫着，迟迟没有动手。

李时珍看出了大家的心思，反复劝说，终于说服大家打开了棺材。

开棺后，李时珍在“死者”身上按摩了一番，然后又在她的心窝处扎了一针。神奇的是，不一会儿，棺材里的女人竟然醒过来了，并接连喊痛。大家见状都惊呆了。

更神奇的是，这名妇女没过多久还生下了一个孩子。于是，大家都被李时珍的医术所折服，称赞他具有起死回生的能力。

聪明少年成长记——徐文长

中国人

文学家、书画家

出生地：绍兴府山阴（今浙江省绍兴市）

生活年代：1521 年—1593 年（明）

主要成就：专修书法、国画，与解缙、杨慎并称“明代三大才子”；主要作品有《墨花图》《菊竹图》《墨葡萄》等

优点提炼：聪明早慧，足智多谋

我出生在一个走向衰落的大家族。父亲曾在四川、贵州一带做过小官，病退后回了绍兴老家。我的出生给家里带来了短暂的喜悦，但我还不到百天，父亲就撒手人寰了，于是我只能跟随母亲一起艰难地

生活。

六岁后，我像其他小孩儿一样，进入私塾读书。虽然我出身卑微，家境也不好，但聪明早慧的我总是不同寻常，比其他小朋友都要出色。

记得我们家附近有一条小河，河边有一座小小的吊桥，因为桥身很软，离水面很近，走在上面颤巍巍的。如果承载比较重的物体，桥面就和水面基本齐平了。我们最喜欢在这座桥上走来走去，故意蹦跳着打湿鞋袜，相互捉弄。

有一次，我和一群小朋友在河边嬉笑玩闹着，一位过来打水的叔叔看到我们，便饶有兴趣地说："孩子们，安静一下，我给你们出个题目。要是谁顺利完成了，我就送一件礼物给他！"

我们停止了嬉闹。有人好奇地问："您要出什么题目呢？"

"你们看到了，我刚打了两桶水，要是谁能够不用扁担，一次把这两桶水送到河对面去，就算成功。怎么样，有没有小朋友愿意尝试？"

我们放眼望去，叔叔旁边放着满满的两桶水，以我们的体力，就算用扁担也很难挑起来，更何况还不让用扁担。而且就算勉强能提起来，也不可能从这座摇摇晃晃的吊桥上走过去，搞不好还会摔几个跟头呢！

一想到这些，大家都没什么信心，很多人试都没试就放弃了，还有一些人勉强尝试了一下，走不了三步就失败了。

我看着眼前的一切，想起平时和小朋友玩的放纸船的游戏，一个法子从我的脑子里蹦出来。于是我走上前去说："我可以做到！但是您要借给我一根绳子。”

其他小朋友都惊奇地看着我，不知道我葫芦里装的什么药。

“没问题，可以满足你的要求！”叔叔从旁边的屋子拿了一根绳子递给我。

我将两只水桶和绳子拴在一起，然后把水桶放在水面上。在浮力的作用下，水桶并没有完全下沉，而是自然地浮在水面。我站在桥上，牵着绳子往对岸走，用力牵引着水桶向前漂浮。到了小河的另一边，我把绳子系在桥上，再把桶从水里捞起来。就这样，我顺利地完成了这位叔叔的要求。

看到我顺利把水运到了对岸，小朋友们纷纷拍手叫好，叔叔的脸

上也露出了笑容。

“好了，我完成任务了！您要给我什么礼物？”我气喘吁吁地问。

“放心，礼物早就准备好了！看这边……”

只见叔叔拿出一根长竹竿，竹竿的顶端绑着一个大包裹，想必这就是给我的礼物吧？可是为什么要绑在竹竿顶上，叔叔又要耍什么花招儿？我寻思着。

这时候叔叔说话了：“看见了吧，这就是给你的礼物。不过要想拿到这个礼物，也是有条件的！首先，你不能把竹竿横过来；第二，不能站在高处拿！”

听到这个奇怪的要求，小朋友们议论开了：“这怎么拿呀？明显是不想给，耍赖嘛！”

看到大包裹在竹竿上一抖一抖的，仿佛在向我招手，我想：我一定要拿到它！

我在周围转悠了一下，对叔叔说：“我有办法了，您把竹竿给我吧！”

我接过竹竿后，再次来到吊桥上，把竹竿竖着插入河水中。这条河的水虽然不是很深，但也足够漫过竹竿了。我握着竹竿一节一节地往下放，不一会儿，竹竿漫入水中，包裹就落在了我的手上。看我心满意足地拿到了礼物，周围的小朋友都向我投来羡慕的眼光。

经过这件事之后，大家都对我刮目相看，一有什么难办的事情，就会找我想法子。久而久之，我居然成了大家眼中的“智多星”。但是也有人说，我只会小打小闹，出些鬼点子，其实没有什么真才实学。不过，我很快用事实消除了他们的偏见。

有一次，我家的仆人逃跑了，哥哥带着我来到了县衙告状。大堂之上，县令仔细询问情况之后，知道我就是那个被人推崇的“神童”，便想当场考一考我。

他给我出了一题，要我根据一张状纸上的内容写一篇文章。我仔细看完那张纸状，便开始写起来，不到一个时辰就写完了。

我把自己写的文章呈给县令，他认真地看了一番后，突然用力拍了一下案桌。通常，县令只有在发怒时才会拍案桌。站在一旁的随从马上跑过去问：“大人，什么情况？要不要把这个小孩儿抓起来？”

哥哥也担心我是不是写了什么不该写的东西。

正当大家都很紧张的时候，县令大人开腔了：“妙，实在是妙！我真是没想到，一个十几岁的孩童能写出这么好的文章！小子，你前途无量啊！”

听到这话，众人才舒了一口气，刚才只是虚惊一场，原来大人是欣赏我的才华的。我连忙向县令行礼：“谢谢大人夸奖！”

没想到县令还是一个很亲切的人，他热情地招呼我：“来人啊，我这里有些笔墨纸砚，给这小孩童打包拿回去一些。文长（对我的亲切称呼），你要记得这可都是特供的上等纸笔，你一定要继续努力，争取早日成材！哈哈哈哈……”

这大大地出乎了我的意料，我没想到自己竟然能得到县令如此的厚爱和优待，高兴地领了纸笔回家了。

这件事对我的激励很大，回家后，我便作了一首《雪词赋》作为答谢送给县令。这一年，我才十三岁。

延伸阅读

徐文长巧猜灯谜

一天，徐文长来到杭州西湖游玩。正值举行灯谜盛会，他见园门口高高悬挂着一首诗谜：“二人抬头不见天，一女之中半口田；八王问我田多少，土字上面一千田。”当时很多人围在那里，苦苦思索都没能猜出谜底。

徐文长读完之后微微一笑，说了句：“但愿人间家家如此。”

大家还是不解。有人说：“先生，这个谜语是您出的，还是您告诉我们谜底吧！”

徐文长一一解释给大家听：“‘二人抬头不见天’不就是‘夫’字吗；‘一女之中半口田’是个‘妻’字；‘八王问我田多少’

是个‘义’字（繁体字为‘義’）；‘土字上面一千田’是个‘重’字。这个谜语合起来就是‘夫妻义重’的意思。”

经他这么一说，大家才恍然大悟。

好故事在民间
——蒲松龄

中国人

文学家

出生地：济南府淄川（今山东省淄博市）

生活年代：1640 年—1715 年（明末清初）

主要成就：著有文言文短篇小说集《聊斋志异》

优点提炼：聪明，勤奋，善良

我叫蒲松龄，出生在一个日渐败落的地主家庭里。父亲考了很多次功名都没考上，家产却被渐渐花光了。我从小就跟随父亲读书，对学习产生了浓厚的兴趣，整天捧着父亲读的书不撒手。父亲见我这么爱读书，心里也暗自高兴。等我到了该上学的年纪，他咬咬牙，四处凑钱送我进了私塾。

在私塾里我表现得很好，虽然年纪最小，但在课堂上听课最认真。我不仅每天按时完成先生布置的功课，还找了很多课外书来读。

可惜好景不长。有一天，我正捧着书津津有味地读着，突然听到外面传来老师和父亲的争执声。我跑过去一听，原来家里的生意又做亏了，没有钱再供我读书，只能把我接回去。

老师觉得我是个爱书如命的好孩子，并且马上就可以参加乡试选拔，半途而废实在太可惜，坚决不同意父亲这么做。父亲为难地搓着手，嗫嚅地说自己也是实在没有办法。

想到家里的境况，我慢慢地从门后走出来，拉住父亲的手，表示愿意跟他回去。我对着先生鞠了一躬又一躬，带上书本恋恋不舍地离开了私塾。一路上，我望着越来越远的私塾抹了抹眼泪，但心里却暗下决心：就算我离开了私塾，也不能放弃读书。

回到家里，父亲看着我哭红的眼睛，有些过意不去。为了转移我的注意力，他让我把自己当天写的文章念给他听。

可是，等我念完之后抬起头，我发现父亲的眼睛也红了。他摸着我的头，夸我是个用功的好孩子，许愿如果以后有办法，一定会让我重新读书的。只是现在由于生意亏本，家里实在支撑不下去，我只能放弃读书，跟着他一起经商了。

就这样，第二天一大早，我就收拾好行李，带上所有的书本，跟随父亲走南闯北做生意谋生去了。

我白天要替父亲吆喝生意，晚上才能挤出时间看书。虽然白天已经累得腰酸背痛了，我却觉得即使再苦再累，只要有书读就很满足了。

有一天我和父亲逛街，父亲去给我买西瓜，我却被旁边摊位上一位老先生说书的内容吸引了。老先生说的是一段传奇故事："从前，有个皇帝喜欢上了斗蟋蟀，就要求各地的县官都要进贡蟋蟀供他玩耍。有一个老人抓到了一只很厉害的蟋蟀，上报给县官，准备进贡给皇帝。可是就在进贡的前一天，老人的儿子不小心把蟋蟀弄死了，惹得县官大发雷霆。"

听到这里，我和周围的人都倒吸了一口凉气，为老人一家的命运捏了一把汗。

说书的老先生却不紧不慢地喝了一口茶，继续说道："老人的儿子见自己犯了大错，为了不连累家人，就投井自尽了。老人抱着儿子冰冷的身体，哭得差点儿断了气。可是这时，从儿子的身上却跳出了一只又大又帅气的蟋蟀。正好县官又派人来催，老人只好把蟋蟀交了上去。蟋蟀被送到皇宫里，成了最厉害的一只，斗败了所有的蟋蟀，赢得了皇帝的欢心。原来，这只蟋蟀就是老人的儿子变的。"

我听得激动起来，用惊奇的语气问："真的吗？人真的会变成蟋蟀吗？"

说书的老先生嘿嘿一笑，并不回答，而是继续说故事：“县官因为进贡的蟋蟀而升了官，可是老人却失去了最爱的儿子。人当然不能变成蟋蟀，但是严酷的社会却能把人变成鬼！”

大家听完之后都恍然大悟，我也陷入了深深的沉思。原来说书人是借这个神怪故事来讽刺当时黑暗的社会啊！我第一次发现，原来看似荒诞的故事还有这样的用处。

就在大家都为说书人的精湛技艺叹服时，一群官差冲过来，驱散了人群，说老先生散布谣言，要把他抓走。

老先生想要跑开，却不小心绊倒在地。我急忙过去把老人扶到一旁，躲过了一劫。老先生非常感谢我的帮助，不知道该怎么报答我。我摆摆手，表示不要什么回报。可是当想到老先生的故事时，我的眼珠一转，心中有了一个主意。

我很恭敬地问道：“老先生，您能把自己知道的神怪故事都讲给我听吗？”

“没问题，这对我来说太简单了！”老先生爽快地答应了我。

之后，他就经常给我讲各种奇幻的故事。听到精彩的地方，我就特地用笔记录下来。

老先生看出我是个爱读书的人。听说我是不得不中断学业之后，他就鼓励我不要灰心，说即使没有机会读书深造、考进士，也可以像吴承恩那样写出《西游记》这样受人欢迎的书，成就一番伟大的事业。

听到这话，我恍然大悟：对啊，我为什么不把周围的民间故事收集起来，改编成一本独一无二的神怪故事书呢？

我连忙往老先生面前一跪，要拜他为师，想向他学习讲神怪故事的本领。老先生却摇摇头说："不是我不肯教你，而是我一个人想不出那么多的好故事。但是有个地方的故事，却是听不完的。"

我的耳朵马上就竖了起来，问道："那个地方在哪里？我马上就过去！"

老先生神秘地一笑，指着路上来来往往的行人，对我说："故事就在他们身上，在民间。天下的故事取之不尽，如果你用心收集，慢慢向他们打听，一定可以写成像《西游记》那样的奇书。"

老先生的话让我记忆深刻。后来，我跟着父亲在路边上卖凉茶，每次有客人来，我一边热情地给他们倒茶，一边跟他们闲聊，不知不觉就听到了很多新奇有趣的故事。我把听到的故事都认认真真地记录下来。

正是用这种方法，我不断地从民间搜集、积累着写作素材，并开始创作，终于在接近四十岁的时候完成了《聊斋志异》这本神怪故事书。

延伸阅读

蒲松龄与《聊斋志异》

《聊斋志异》是蒲松龄的代表作，也是中国古代文学史上跨时代的辉煌巨著。这本书充满着奇幻的想象，题材广泛，内容丰富，艺术成就很高。

作品成功地塑造了众多的艺术典型。人物形象鲜明生动，故事情节曲折离奇，结构布局严谨巧妙，文笔简练，描写细腻，堪称中国古典文言短篇小说之巅峰。

郭沫若评价这本书："写鬼写妖高人一等，刺贪刺虐入木三分。"老舍说这本书："鬼狐有性格，笑骂成文章。"鲁迅则认为这本书："用传奇法，而以志怪。"

不同的读者可以从《聊斋志异》中获取到不同的信息。我们可以把它当成一本消愁解闷儿的休闲读物，也可以当成一部风格活泼的奇幻小说，更可以看作是一本愤世嫉俗的"孤愤之书"（抒发苦闷和怨恨的书）。

生活琐事皆入诗
——郑板桥

出生地：扬州府兴化县（今江苏省兴化市）

生活年代：1693 年—1766 年（清）

主要成就：“扬州八怪”之一，诗书画“三绝”，擅画兰、竹、石、松、菊等物，代表作品有《墨竹图》《竹石图》，著有《板桥全集》

优点提炼：敏而好学，才识过人

1693 年 11 月 22 日，我在一个书香门第呱呱坠地。只是到了父亲这辈，家道渐渐中落，生活也愈加拮据。母亲在我很小的时候就因病离世，继母陪伴我十年，也去世了，又给家里平添了几分凄寒。所幸有勤劳善良的乳母一直陪伴我，她悉心周到的照顾和无微不至的关怀，填补了我心灵上的空白。

据说我在很小的时候就表现出了资质聪慧的一面。我三岁时开始学习识字，八九岁能作文对联。父亲把我送到真州毛家桥读书，我便开始了漫漫的求学生涯。

我没有被生活的贫困缚住手脚，相反更加发愤苦读。夜里读书没钱打油点灯，我就跑到附近一座庙里，借着佛灯读书。一天夜里，我照例到庙里读书，没想到大雪封路，回不去了，只得待在庙里过夜。家人见我迟迟不归，都急坏了，纷纷跑出来找我。最后，他们在一座我经常去的庙里发现了我，把已经睡着的我抱了回去。

为了学到更多的知识，我很会利用闲散的时间来学习，无论是乘船骑马，还是就寝吃饭，我都会挤出空闲默默诵读。就这样，在私塾里我的成绩总是拔尖儿的，先生也很乐意教我。

十岁那年的一天，私塾先生带我们外出郊游。那时正值暮春时节，我们一行人来到小河边，正准备坐下来歇息片刻，突然听说这条河里前几天淹死了一个女孩。先生有些伤感，随口吟出一首诗来：“二八女多娇，风吹落小桥。三魂随浪转，七魄泛波涛。”

我听到先生的诗句，奇怪地问：“先生，您认识这个姑娘吗？”

先生说：“当然不认识！”

“那您为什么知道她是二八年华？还有，您怎么知道她是被风吹落跌入河中的呢……”

“对于我们不知道的事情，写诗的时候可以适当发挥想象！”

“嗯，按照您说的，她的三魂七魄随波逐流，也是您想象的结果吧？”

“没错！”先生笑了笑，反问道，“如果是你，你会如何想象？”

我思考了一会儿，心想，何不只说出事实，点到为止，把自己也弄不清的东西留给读者去想象呢？于是我吟出一首：“谁家女多娇，何故落小桥？青丝随浪转，粉面泛波涛。”

先生听了我改后的诗，连声称赞：“好样的，好样的！真是后生可畏呀！”

我原先还担心先生会生气，没想他这么由衷地称赞我，我的心里也乐滋滋的。也许后来我的学识有所长进，也是出于先生兼容并包的教育吧。

除了在私塾中认真研究学问，在生活的方方面面，我也会认真观察，仔细琢磨，将多看多思、认真求证的精神坚持到底。

我生活的县城里有一个学识修养深厚、篆刻技艺高超的读书人，人称“米先生”。有一次，他得了一块田黄石。俗语说“田黄贵比金”，这田黄石是雕刻图章的珍贵材料。很多人慕名而去，我也想去一探究竟。

来到米先生家，我发现屋子里挤满了人，很多人都想购买这块田黄石，有些富家公子哥儿为了将这块名贵石头收入囊中，几乎要大打出手。米先生也很为难，生怕一件好事惹出什么麻烦。他思前想后，突然想到了一个办法："承蒙诸位抬爱，为了公平地让鄙人这块石头找到新主，我出一上联，谁要是能又快又好地对出下联，谁就是石头的新主人！"

说完，他指着火盆里的炭火吟出上联："炭黑火红灰似雪。"

上联一出，刚才躁动的那些富家子弟们纷纷安静下来，绞尽脑汁琢磨下联。站在角落的我，虽然不是为了争得那块名贵的石头，但是也想利用这个机会检验一下自己的才学。

这个对联看似简单，但涉及三样东西的三种颜色，而且彼此关系紧密，要对出下联可不容易。平时出口成章的我，一时也被难住了。

正当我快快地准备回家时，家里磨面的情景浮现在我的眼前：先

把黄灿灿的麦粒丢进磨眼，磨好后，将磨下的面粉用筛子筛一遍。筛子下是雪白的面粉，筛子上留着红色的麸。有了！我心中一喜，当众对出了下联：“麦黄麸赤面如霜。”

我一语既出，打破了全场的安静，其他人纷纷议论起来，没想到对出下联的竟是一个未成年的小孩子。

米先生看了看我，又看了看大家，说道：“还有谁愿意试一试吗？”

其他人都苦笑着摇摇头。于是他取出田黄石，问了我的大名，然后用纯熟的刀法刻起来。

几天后，米先生派人把这块雕刻成印章的田黄石送到我家。我看到在深深浅浅的笔画中凸显出我的名字，感到无比自豪。这也成为日后激励我学习的不竭动力。

延伸阅读

郑板桥作诗退盗贼

郑板桥辞官之后，就像他诗里写的那样“一肩明月，两袖清风”，只带了一条黄狗、一盆兰花回家。

一天夜里，下着大雨，郑板桥翻来覆去睡不着，正好发现有小偷潜入。他想：如果高声呼喊，万一小偷动手，自己无力对付；但如果假装熟睡，任小偷拿取，自己又不甘心。

郑板桥稍微思考了一下，翻身朝着床里一侧，假装什么都没有看见，然后低声吟出一首诗来：“细雨蒙蒙夜沉沉，梁上君子进我门。”

这时，小偷已经摸到了郑板桥的床边。他听到这句诗，暗自吃了一惊。这时，郑板桥又吟出一句：“腹内诗书存千卷，床头金银无半文。”

小偷心想：原来是个穷光蛋啊，不偷也罢。他正要转身出门，又听床上传来一句：“出门休惊黄尾犬。”

小偷心想，既然有恶狗，那我就翻墙出去吧。他刚要纵身上墙，又听郑板桥说：“越墙莫损兰花盆。”

小偷一看，墙边真的有一盆兰花。出于道义，小偷细心地避开花盆，悄然翻过墙头。他的脚刚着地，听到屋里最后传出两句：“天寒不及披衣送，趁着月黑赶豪门。”

小偷心想：这人真是够义气啊，临走了还跟我客气两句。好吧，我就换个有钱人家去偷好了！

这就是郑板桥作诗退盗贼的小故事。

妙联绝对小神童
——纪晓岚

出生地：河间府献县（今河北省献县）

生活年代：1724 年—1805 年（清）

主要成就：曾任《四库全书》总纂官，主持编撰了《四库全书总目提要》；代表作品有《阅微草堂笔记》

优点提炼：文采出众，幽默风趣

我家祖祖辈辈都是读书人。也许是受到遗传的影响吧，我从小就有过目不忘的本事。四岁那年，爸爸专门请了一位姓石的家庭教师教我读书认字。我的学习成绩很好，特别是对对联，更是我的拿手好戏。

我曾经养了一只麻雀，经常写完作业以后逗麻雀玩。石先生担心影响我的学习，就用砖块把麻雀砸死了，还在旁边题了一个上联：“细羽家禽砖后死。”

我很生气，就在上联旁边续题了下联：“粗毛野兽石先生。”

石先生见了，举起戒尺要打我，但想到上下联对得十分妥帖，实在无话可说，只好慢慢收回了戒尺。

一天中午，到吃饭的时候了，在学堂上学的哥哥还没有回来。爸爸等得不耐烦了，让我到学堂叫哥哥回来吃饭。我蹦蹦跳跳地跑到学堂，推门进去一看，只见哥哥低着头，垂着手，规规矩矩地站在先生面前。

我喊了一声：“哥哥，爸爸叫你回家吃午饭。”

哥哥抬头看看我，没有说话，又低下头去了。我见他依然不动，跑上前想拉他回家。

这时，旁边的先生说：“你哥哥不能回家吃饭，他正在挨罚呢！”

我歪着头，不解地问：“我哥哥怎么啦？为什么要受罚？”

先生说：“我出了个上联叫他对，他对不出来，所以要挨罚。”

我一听，笑着眨眨眼睛，对先生说：“啊！原来是这么回事啊！先生，如果我替哥哥对上，他能不能回家吃饭？”

先生见我是一个五六岁的小孩子，没有放在心上，顺口说道：“当然可以。不过，要是你也对不上，就得和他一齐受罚，都不能回家吃饭。”

我毫不犹疑地答应了。先生见我真的要对对联，就出了一句上联：

“苇草编席席盖苇。”

这时，我听到学堂门外传来一阵哞哞的牛叫声。原来，在田里耕地的农民纷纷回家吃饭，一个农夫正扬着鞭子赶着牛从门前经过呢。

我看到这一情景，灵机一动，朗声答道：“牛皮拧鞭鞭打牛。”

先生听了，大吃一惊，连声夸好。他说：“这么小的年纪，反应这么敏捷，真是一位神童啊！”他慈爱地拍了拍我的脑袋，让我和哥哥回家吃饭了。

从那以后，我就有了一个外号，叫“神童”。

对于这个外号，有人羡慕，有人却不服气。这不，很快就有人来挑战了。那天，石先生对我说：“晓岚，你这个神童名声在外，有一位读书人专门来拜访你，说是要和你对对联。你愿意会会他吗？”

我觉得这是个切磋学问的好机会，就高兴地跟着石先生去了。走进石先生的书房，看见里面坐着一个又瘦又高的人，态度非常傲慢。他上下打量了我几眼，阴阳怪气地说道："久闻神童大名，今天专程来访，你就是那位神童纪晓岚吗？"

我看他摇头晃脑的样子，心里很生气，但还是有礼貌地上前施礼，说："先生过奖了，神童不敢当，在下就是纪晓岚。"

他用眼角扫了我一下，说道："既然你号称神童，我出一个对子，你能对得上来吗？"

我不卑不亢地回答："请先生赐教。"

他沉吟了一下，说出了上联："二猿伐弯树，看小猴子如何下锯（下句）。"

我一听，顿时火冒三丈，这不是骂我是"小猴子"吗？

对这种目空一切的狂人，不能客气，要给他点儿颜色看看。我略加思索，说出了下联："一马犁泥田，瞧老畜生怎样出蹄（出题）。"

这家伙一听，顿时傻眼了。我不光对联工整贴切，无可挑剔，还顺便回敬他是"老畜生"，解了心头之恨。

到了七岁，叔叔带我到县城参加童子试。主考官三年前刚中过举人，正是踌躇满志的年纪。他见我这么一个小孩儿居然有神童的绰号，就想卖弄一下文才，试试我的真假。

他说："七岁儿童，岂有登科大志？"

我听出他的话里有轻蔑我的意味，马上回敬了他一个下联：“三年经历，料无报国雄心！”

主考官一听，不由得心里暗暗称奇。但他还是不服气，很想难倒我。他看见考场前边的寺庙里有一座七级宝塔，于是又出了一个上联：“宝塔六七层，四面东西南北。”

我不假思索，随口答道：“宪书十二月，一年春夏秋冬。”

主考官抬头看见门上贴着两个门神，又出了一联：“门上将军，两脚未曾着地。”

我又随口对出了下联：“朝中宰相，一手可以托天。”

这回他是心服口服了，高声赞道：“神童，果然是神童！名不虚传啊！”

延伸阅读

巧改《凉州词》

“黄河远上白云间，一片孤城万仞山。羌笛何须怨杨柳，春风不度玉门关。”这是唐代著名诗人王之涣写的《凉州词》。但你知道，如果把这首诗改成一首词，该怎么念吗？

传说有一次，乾隆皇帝来到纪晓岚家里，看到纪晓岚正在练习书法。纪晓岚的毛笔字写得很好，是当时有名的书法家。

乾隆很喜欢纪晓岚的书法，就把手中的纸扇交给纪晓岚，让他在上面题一首诗。纪晓岚接过纸扇，只见上面有远山、近城、春风杨柳。他略加思索，然后龙飞凤舞写下了王之涣的《凉州词》。

乾隆拿过纸扇，对他的一笔好字大加赞赏。可是仔细一看，发现缺少了一个“间”字，把“黄河远上白云间”写成了“黄河远上白云”。乾隆大怒，喝道：“大胆纪晓岚，你故意漏写了一个字来欺骗朕，该当何罪？”说着，把纸扇扔给了纪晓岚。

纪晓岚拿起纸扇一看，果真漏写了一个“间”字。这可怎么办？他略微想了一下，镇定地对乾隆说：“万岁息怒！

我写的不是诗，而是一首词，只不过跟王之涣的《凉州词》有点儿接近罢了。万岁要是不信的话，请让微臣念给万岁听。”

得到准许后，他朗声念道：“黄河远上，白云一片，孤城万仞山。羌笛何须怨，杨柳春风，不度玉门关。”

乾隆听后哈哈大笑，拿起扇子满意地走了。

少年文章惊天下
——张之洞

中国人

政治家

出生地：贵州兴义府（今贵州省贵阳市）

生活年代：1837 年—1909 年（清）

主要成就：洋务派代表人物，为民族工业发展作出了巨大贡献

优点提炼：刻苦耐劳，勤奋好学

我父亲是清政府的一名普通官员，对子女的要求很严格。我四岁时便开始读书，父亲为我请了三位老师，都是当地的大学者，分别教授不同的科目。我学习很努力，白天文章没有背熟，晚上就挑灯夜读，

直到记住为止。

八岁时，我读完四书五经，十岁开始学习作诗和写文章。我天资聪颖，接受能力很强，不久就掌握了各种写作技巧，唐诗宋词能背诵几百首。写起文章来，下笔千言，滔滔不绝，在当地有了不小的名气。

父亲见我进步很快，十分高兴，暗地里又有些担心，怕我因此而骄傲，会放松学习。他告诫我说："古时候有'伤仲永'的故事，方仲永因为不努力学习，从天才变为凡人。我希望你牢记这个教训，更加努力，'百尺竿头，更进一步'。"

我牢记父亲的话，更加勤奋，并不为小小的进步而满足。不过事有凑巧，一次偶然的机会却使我的名声传遍大江南北，更是被称为神童。事情的缘由，还要从父亲说起。

当时，父亲正担任贵州省安龙县的县令。在安龙县的东北面，有一个巨大的湖泊，方圆数百里，湖泊中间有一道长三百丈的石堤。父亲组织匠人，将石堤加高，栽花种柳，将其打造成一处名胜景地，并且在岸边的金星山上修建了一座"半山亭"。

半山亭竣工时，父亲邀请了社会各界名流，举行宴会。宴席间，有人提议说："今天是半山亭竣工的大喜日子，又有各位名人贤士聚集在一起。如果不写点儿文章纪念一下，岂不辜负了这里的如画美景？"

大家纷纷称赞这个提议好。父亲点头笑道："正应该如此。各位胸中都有锦绣文章，正该拿出来，让大家欣赏欣赏。"

先前提议的那人却摇了摇头，说：“我有个提议，我们不如仿照滕王阁的旧事，邀请一位年轻人来写这篇文章。听说县令大人的公子文才出众，不如就由他来试试。”

我坐在一旁，听到他提议由我来写，先是大吃一惊。可转念一想，王勃当时也不过二十出头，就写出了《滕王阁序》这样的千古名篇，我今年已经十一岁，难道就不可以吗？我心里跃跃欲试，但没有父亲的允许，我不敢答应。

父亲望了我一眼，假装没注意到我渴望的神情，对众人说：“在座的各位都是前辈，他年纪这么小，学问没有到家，还是不要出丑了！”

我坐在一旁，眼看父亲推辞，机会就要飞走，不知道从哪里来的勇气，忽然站起来，大步走到桌子旁，拿起毛笔，对众人说：“既然大家看得起我，我就献丑了，写得不好还请见谅。”

说完，我根本不敢看父亲的眼神，用毛笔在砚台里蘸上墨汁，写下标题《半山亭记》，接着稍一思索，立即下笔：“万山辐凑，一水环潆，雉堞云罗，鳞原星布者，兴郡也……”

我每写一句，旁边就有人高声念出来。刚开始，很多人都不以为然，心想：你一个十一岁的小孩子，不写错别字就算好了，哪里还能有什么文笔。外间传说，恐怕都是夸大其词。

但随着时间推移，大家的态度慢慢郑重起来。只见我文不加点，笔走如飞，好似早就背诵好这篇文章一样，越写越流利，用词造句也

十分华美。

很快我就写到了最后一段："夫美不自美，因人而彰。兰亭也，不遭右军，则清湍修竹，芜没于空山矣……"意思是说，美丽的事物不是因为自己美丽而闻名，而是因为名人才得以扬名天下。

大家见我年纪轻轻，能有如此思维，不由得纷纷叫好。很多人更是摇头晃脑，开始吟诵起来。

当我在文章最后的落款上写下"南皮十一龄童子张之洞香涛撰"时，半山亭里已经是掌声一片。有人大声说："想不到张公子小小年纪，文才竟然如此出众，真不愧为神童！”

“是啊，如此文采，以后肯定能考上状元。”

我放下笔，听到宾客们赞许的声音，长出了一口气。今天这般冲动，幸好没有出丑，以后做事可要三思而后行。

我扭过头，发现父亲正朝这边走过来，面色阴沉，并无笑意，不禁害怕起来。谁知他并没有责备我，只是拍了拍我的肩膀，说：“好你个小子，今天又让你出了一次风头。回家以后，闭门读书三个月，不许出门。”说完，转身走开。

我吐了吐舌头，心想：不就是读书吗？对于我来说，这不是惩罚，反而是一种奖励呢！

延伸阅读

请大人再走几步

张之洞为人正派，学识渊博，但比较清高，不屑于遵守世俗礼节，因此得罪了不少人。

有一次，一位官员前来拜访他，两人谈得十分开心。按

照官场规矩，临走时，张之洞应该把客人送到大门旁边，但张之洞只走了几步就不送了。

官员十分不满，心生一计，说："请大人再走几步，我还有话要说。"张之洞信以为真，又陪着官员走了一段路，但官员迟迟没有开口。

张之洞奇怪地问："你不是还有话要说吗？"

官员看了张之洞一眼，故作一本正经地说："我想告诉大人，按照规矩，你应该把我送到大门口。现在大门已经到了，大人请留步。"说完扬长而去。

张之洞这才知道被耍了，但自己有错在先，也发作不得。

十一岁的秀才
——梁启超

中国人

思想家、政治家、教育家、史学家

出生地：广州府新会（今广东省江门市）

生活年代：1873 年—1929 年（清末期到民国初期）

主要成就：领导维新变法，倡导社会变革；创作的《少年中国说》里的警句“少年富则国富，少年强则国强”激励了无数人

优点提炼：勤思好学，学贯中西，虽经磨难，百折不挠

我出生于广东新会，从小就聪明过人，才思敏捷。我的祖父梁维清有八个孙子，但他最喜欢的是我。

五岁的时候，我就跟随祖父学习四书和《诗经》。白天，他给我讲古时候那些圣哲的故事；晚上，就与我同床而眠。在祖父的熏陶下，我的见识和学问不断提升，年纪虽小，却能够出口成章。

有一天，我在院子里玩耍，发现大树旁边竖立着一架竹梯，于是晃晃悠悠地爬上去。祖父正坐在门口看书，发现我爬上高处，急得大叫："快下来，快下来！爬那么高，小心掉下来！"我却丝毫不以为意，站在梯子上，故意左右晃动，还脱口念出两句诗："有人在平地，看我上云梯。"

祖父见我小小年纪就能说出这么有气魄的话，不禁一愣，随即开心大笑，认定这小乖孙非比寻常。

六岁时，我跟着父亲开始学习中国历史，还通读了五经。父亲是个乡村私塾老师，教育方法很古板。他先让我把每篇文章都背下来，然后再逐段给我讲解。说来奇怪，这种方法还挺管用。《史记》里的文章，我直到几十年后还能够背诵出十之八九。

我九岁的时候学着写文章，不用考虑多久就开始下笔，千把字的文章一挥而就。周围的人对此诧异不已，惊呼我为神童。

祖父和我父亲商量，觉得我学识不错，可以参加朝廷举行的童子试了，于是带我去广州应考。由于路途遥远，我们乘坐木船，走水路前往广州。当时船上有很多同样前往广州应试的考生，闲暇时候，大家就在一起讨论学问，展示自己的才学。

有一天，我们在船上吃午饭，有一道菜正好是蒸咸鱼。有一个考生灵机一动，提议以咸鱼为题吟诗或作对。其实用咸鱼入诗入对是一个非常难的题目，因为咸鱼虽然是广东人饭桌上的家常菜，但毕竟有很重的腥臭气味，登不了大雅之堂。因此，要把咸鱼这样的市井粗俗之物融入诗词中可不容易，而要显出高雅意境就更难了。

题目一出，满船的考生一下子都被难倒了。大家纷纷抓耳挠腮，苦苦思考。

我年纪不大，思维却很敏捷，很快就想出了一句，便当着大家的面吟诵出来：“太公垂钓后，胶鬲（gě）举盐初。”姜太公和胶鬲都是古时候身份尊贵的人。如果是由姜太公钓上来的鱼，由胶鬲来敷盐，那么这咸鱼的身价自然也就非比寻常了。

在座的人都是饱读诗书的学子，见我用词典雅，出口成章，不由得拍手叫好。虽然有几个人颇有些不服，但短时间内也想不出更好的诗句，只得闭口不言。我当时十分自豪，心想，这都多亏了祖父和父亲从小的培养。

我回家后继续苦读，十一岁那年到省城参加考试，一下就中了秀才。主考官是一位三品大员，他仔细阅读了我的试卷，对我非常赞赏。考完试之后，他还专门召见我和几个年龄稍小的秀才面试一番，跟我们讨论经学、唐诗宋词及其他名人文章。

被接见的新科秀才一个个进去之后很快就出来了，我是最后一个被召见的。主考官见我年纪小，先问了我几个简单问题，我都流利地回答出来。他十分惊奇，加大了问题的难度，满以为会难倒我。哪知那时我早已经通读过《史记》《纲鉴易知录》《汉书》等史学著作，对于经学、诗词方面的学问也都十分了解，回答他的问题简直是易如反掌。

主考官见我小小年纪就对答如流，十分高兴。他说："没想到你年纪虽小，学问却不差，教你的老师是谁？"

我回答说："我的启蒙老师是我祖父。"主考官听了，连连点头。我眼见时机成熟，忽然跪下来，请求说："下个月是我祖父的七十大寿，我想请考官大人给他写一副寿联，当作祝贺。祖父一定会十分高兴，我们宗族也会大感荣耀的。"主考官看我一个稚气未脱的孩子说出这样得体的话，大为惊讶，并深深地为我的孝心所感动。于是他接受了我的请求，欣然提笔为我祖父写了寿联。

我回到家中跟祖父一说，他惊喜不已，高兴地说：“这件事非同小可。你的那位主考官是朝廷三品大员，他亲自挥笔为我写寿联，这真是我的荣幸啊！”

这一天，我家双喜临门，像过节一样欢庆：一是庆祝我考中秀才；二是庆祝我祖父得到了名人的贺寿。

延伸阅读

如此作序

梁启超是一个非常有才华的人，而且为人很真诚。他写起文章来经常是文如泉涌，滔滔不绝，连自己都控制不住。

有一次，梁启超的朋友蒋百里从欧洲留学回来，写了一本五万字的书——《欧洲文艺复兴史》。蒋百里把这本书拿给梁启超看，想请他帮忙写一篇序。梁启超高兴地答应了。过了几天，梁启超的序写好了，拿给蒋百里看，却把蒋百里吓了一跳。

原来这篇序言也写了五万字，和他的《欧洲文艺复兴史》一样长！

梁启超觉得不好意思，重新给《欧洲文艺复兴史》写了一篇简短的序。而他的这篇“长序”呢，干脆就另外做成一本书来出版。更有趣的是，这篇“长序”出版时，梁启超还特地请蒋百里给他写序呢！

有爱心的“小少爷”——巴金

出生地：四川省成都市

生活年代：1904 年—2005 年

主要成就：创作《家》《春》《秋》等著名小说

优点提炼：对人真诚，富有爱心

我出生在一个封建大家庭，从小过着衣食无忧的生活。我的祖父和父亲都当过官，是当地的体面人。家里经常有达官贵人往来，他们说说笑笑、点头作揖、讲些场面话。逢年过节的时候，家里就更热闹了，到处都是前来祝贺的客人。长辈们杀鸡宰羊，陪他们喝酒吃肉。我一点儿都不喜欢这样，总是找机会躲起来一个人玩。

那时候，我在院子里养了一群鸡，每天去给它们喂食换水。我给每只鸡都取了名字，还给自己封了个“鸡司令”的头衔。

这群小鸡一天天长大，变成了神气活现的大公鸡和咯咯下蛋的母鸡，我觉得特别有成就感。但是有一天，厨师奉命来后院杀鸡做菜，闹得鸡飞狗跳。眼看着我手下的“兵”就要惨遭飞来横祸，我赶忙跑过来制止。

“不准抓我的鸡！这是我养的。”我大步冲上去，拦在厨师前面。

“鸡养大了，不就是杀着吃的吗？”厨师不理睬我。我从后面拉住他的衣襟，大声哭喊：“不行，不行！它们是我的朋友，你不能杀！”

厨师依然无动于衷。我眼见最心爱的大花鸡难逃一死，赶忙向母亲求救。她也没有办法，只是安慰我：“没关系，下次再养就是了。”

“可是，大花鸡就是大花鸡，以后养的就不是大花鸡了。”

母亲见我犯了傻气，解释道：“人们喂鸡养鸡，就是为了杀着吃肉的。”

我还是想不通：“鸡难道就注定要被人吃吗？为什么不能像人一样自由自在地活下去呢？”

这些问题没人为我解答，相反，大家都笑话我是个傻子。我不理睬他们，自顾自地玩耍，只是再也做不成“鸡司令”了。

后来，父亲被任命为广元县的县令。我们一家住在县衙的后院里。

那时，衙门里的仆人、轿夫、丫鬟有几十个，他们来自全国各地，每天任劳任怨，生活得辛苦而又平淡。我很喜欢他们，总是缠着他们给我讲故事。

很多时候，我和用人们席地而坐，围在一起听瘦弱的轿夫老周讲故事。老周虽然斗大的字不认识几个，可他的肚子里装满了各种新奇的故事。他抽着大烟斗，喷出一口青烟，开始侃侃而谈。他讲得绘声绘色，我也听得如痴如醉。说到欢喜搞笑的场面，我就被逗得哈哈大笑；说到悲伤苦难的情节，我也忍不住痛哭流涕。

后来，我问老周："你怎么知道这么多好玩儿的故事？"老周抽了一口烟，缓缓地说："因为故事中的那个人就是我。""啊！"这让我非常惊讶，原来每个看似普通的人都有着不平凡的生活，他们坎坷的经历都值得我们尊重。有了这样的想法，我和用人们走得更近了，简直把他们当作无话不谈的好朋友。

在衙门时，我也常去看父亲升堂审理案件。当地的老百姓都称我父亲为“青天大老爷”，我有时也这样叫，逗得不苟言笑的父亲开怀大笑。

每到审案前，父亲就会穿上一身奇怪的衣服，坐在大堂上。两边站着几个公差，手里拿着长长的竹板。随着一阵威严的吼声，父亲拿惊堂木在桌上一拍，我就知道要开始审理案子了。我趁大家不注意溜了进去，悄悄站在公案旁，好奇地打量着堂上的犯人。

这些犯人也并不都是凶神恶煞的样子，在我看来，他们多半都很可怜。他们穿着破旧的衣服，头发蓬乱，跪在地上拼命磕头，大喊：“青天大老爷明察，青天大老爷，你可要为我们做主啊！”还有一些类似的话，我都记不清楚了。

父亲有时和颜悦色地查问，有时又面色突变，音量陡然提高，让我都会吓一跳。紧接着他把桌子一拍，大声喝道：“你胡说，给我打！”

于是过来三四个差人，把犯人按倒，脱下裤子露出屁股，开始用竹板狠狠地打。

“五……十……十五……二十……”通常一打就是好几十下。

犯人虽然被打得很疼，却还是拼命叫喊：“大老爷，我冤枉啊，冤枉啊！”

他们的叫声凄厉，痛彻心扉。我站在公案旁，身体也在颤抖，好像这重重的板子打在我身上一样。我常常想，难道审案就是打板子吗？打得这样狠，如果把人打死了怎么办？会不会有人因为扛不住打板子而屈打成招？

父亲却没有丝毫的恻隐之心。任凭犯人被打得皮开肉绽，哀叫不已，他也不叫停。

后来差人停下了板子，报告说：“禀告大老爷，已经打了一百板了。”犯人这时早已经没有呼喊的力气，静静地趴在地上不能动弹了。

让人费解的是，纵然被打成这样，犯人起身后还要千恩万谢地说：“谢谢青天大老爷！多谢青天大老爷！”我见此情景，心中十分纳闷儿，莫非挨了板子还是一件好事？

我看了几回打板子的场面，觉得这些犯人虽然做了错事，但他们被打得皮开肉绽的，一定很难受。

我想向父亲求情，却又不敢，只能跑回后堂悄悄告诉母亲：“娘，堂上那些犯人好可怜。他们每次过堂都要挨板子，可不可以让爹别打他们？”

母亲抚摩着我的脸说：“乖孩子，坏人做了坏事就要惩罚。以后爹爹审案的时候，你一个小孩子就别去看了。”

母亲虽这样说，等父亲下堂之后，却温和地劝他：“你以后问案，少用点儿刑。人都是父母养大的，被打成那样，你想想他们的父母妻儿心里该有多难过！”

自此以后，父亲就很少用重刑了，但打板子的事情还是时有发生。不过，我后来就不再去看审理犯人了。

延伸阅读

笔名的由来

1928 年，李尧棠发表第一篇小说《灭亡》时，决定取一个笔名。为了纪念英年早逝的朋友巴恩波，他将“巴”作为笔名的第一个字。但是笔名总不能由一个字组成，另外还取个什么字呢？他苦苦思索，一直没想到合适的名字。

这时，一个朋友过来找李尧棠，见他正在苦思，就询问原因。李尧棠如实相告，并说：“最好找个简单的、容易记住的字。”朋友用眼睛一扫，见桌子上摆着克鲁泡特金的《伦理学》一书，就指着说：“这还不简单，就用克鲁泡特金的‘金’吧。文字简单，寓意深远。”李尧棠在嘴里重复了几遍，爽快地说：“好，就叫巴金，读起来既顺口，又好记。”

从此“巴金”就成了李尧棠的笔名，伴随他走过以后的文学道路。

少先队之歌
——雷锋

中国人民解放军战士

中国人

出生地：湖南省长沙市望城县（2011 年改为长沙市望城区）

生活年代：1940 年—1962 年

主要成就：乐于助人的品质，给后人留下宝贵的精神财富

优点提炼：学习态度严谨，具有强烈的责任感和荣誉感

1940 年，我出生于湖南省长沙市望城县一户贫苦的农民家庭。家里人为我取名雷正兴。因为是农历庚辰年出生的，父母又给我取了个乳名，叫“庚伢子”。

我的童年就像当时的祖国一样，多灾多难：三岁时，爷爷去世；

五岁到七岁，短短几年时间里，父亲、母亲、哥哥相继去世，七岁的我沦为孤儿。好在天无绝人之路，善良的六叔公和六叔奶奶收留了我。等我九岁的时候，新中国成立了。第二年，我就背着书包上学去了。

我是孤儿，不仅免交学费，而且受到了老师和同学们的关照。虽然我还小，但我深深地懂得要回馈这份关怀。于是，我暗下决心，一定要好好学习，报答大家对我的善意。

当时我就读的清水塘小学离叔奶奶家有十几里路，我每天都走着去。一大早，我就来到教室里，把桌椅、黑板擦得干干净净，然后就坐下来读书、写字。我十分珍惜这来之不易的学习机会。上课时，我全神贯注地听讲，生怕漏掉一个小小的细节。我的作业也总是写得工工整整，按时按量完成。

有一天放学后，我还有一道题没有做出来。眼看着同学们一个个地回家了，我却还在埋头演算着。一个小伙伴走过来，拍拍我的肩膀说：“走吧，没做完的题目回家做吧！”

“就剩这最后一题了，我总做不对，要做完再回家。”我头也不抬，一边说一边继续演算。

小伙伴凑过来看了看，说：“这道题啊，我做好了，借给你看看吧！”说着，他从书包里拿出作业本，递给我。

我摆摆手，笑着说：“谢谢你，我还是自己再做做吧！”于是，我静下心来，琢磨了一遍课本上的例题，再仔细检查一遍，认真演算一遍，终于把题目解出来了。我叫来还在等我的小伙伴，说：“我做好了，我们来对一下答案吧！”

这一对可傻眼了，我们俩的答案不一样。小伙伴挠挠头，不大确定地说：“这就不知道是你做错了，还是我做错了。”

“我验算了好几次，应该错不了。”我信心满满地说。

“那就借你的给我抄一下吧！”小伙伴说着就拽过我的作业本，想抄下来。

“这可不行！你再仔细算算，一定可以找出问题出在哪里。这样，你以后做起来就会得心应手了。”我马上劝阻了小伙伴。

小伙伴听了我的话，乖乖地坐在座位上重新算起来。果然，他是因为粗心才算错了。这次，我们的答案一致了，两个人才心满意足地离开了学校。

正是因为我这种严谨的学习态度，我的学习成绩很好，每门功课都在 90 分以上。

后来，我加入了少先队，戴上了鲜艳的红领巾。作为一名少先队员，我一直严格要求自己，积极地协助学校的少先队工作，参加各种宣传和文体活动，尽自己所能帮助周围的人。

由于我表现出色，不久后我被选为中队委员，成为少先队的骨干。

六一国际儿童节，少先队要去烈士陵园开展一次有意义的活动。去烈士陵园需要步行三十多里路，有一项最重要的任务就是打大鼓。

我想到自己是少先队骨干，就主动要求承担这份工作。

队伍出发了，我打着大鼓走在最前列，跟大家一起唱着队歌，精神抖擞地前进着。可能是我个子太小，也可能是体质太差，没多久，就累得浑身大汗。辅导员见了，赶忙搬来“救兵”，想要接我的班，帮我打大鼓。

我心想：既然这个任务接下来了，就要坚持把它做好。于是，我笑着对辅导员说：“不用换，我能行。”

就这样，我挺起胸脯，把鼓打得更响了。也就是这份坚持，支撑着我顶着烈日，不顾腰酸背疼，走到了终点。到达终点的那一刻，我心里有股说不出的畅快。

从此，为大家服务的这种精神在我心中播下了种子，并在我心中不断地发芽、长大……

延伸阅读

雷锋教小朱写字

雷锋是一个在新中国成长起来的孤儿，沐浴在浓浓的关爱当中。雷锋对自己拥有的幸福生活倍感珍惜，同时将这种关爱扩散到周围，无私地帮助身边的每一个人。

上学的时候，雷锋总是不遗余力地帮助其他同学。他的同学小朱做作业不认真，字写得歪歪扭扭的，作业本上的字迹像螃蟹爬过一样。雷锋善意地提醒了他很多次，小朱却不以为然。雷锋就在放学后绕道去小朱家，借着一起复习的机会给他讲解写字的方法，可效果还是不明显。

后来，雷锋想了一个办法：他把小朱的作业本悄悄拿回家，用纸蒙着那些歪歪扭扭的字，用笔一个个描了一遍。

第二天，雷锋把这些描的字拿给小朱看，问他认不认识。小朱左看右看，一个也认不出来，就噘着嘴说：“这哪是什么字呀，明明是鬼画符。”

雷锋笑着说：“这不是鬼画符，这就是你自己写的字啊！你看，连你自己都认不出这些字，你让别人怎么认？”

小朱听了非常惭愧，小声嘟囔着：“好了好了，我知道错了，以后一定会认真学习写字的。”

从那以后，小朱学习认真多了，字也写得端端正正。雷锋看到同学有进步，心里特别高兴。

与数学的不了缘
——欧拉

出生地：巴塞尔

生活年代：1707 年—1783 年

主要成就：数学史上最多产的数学家，经典著作有《无穷小分析引论》《微分学原理》《积分学原理》等

优点提炼：对人真诚，富有爱心

我叫欧拉，出生于现在被称为“世界花园”“欧洲乐园”的瑞士。这里，有着良好的教育氛围。我从小就对数学有种特别的情愫。我与数学的缘分，则是通过爸爸建立起来的。

爸爸是位牧师，在他的书房里，除了为数不少的神学书，其余都

是数学书。小时候，我总喜欢坐在爸爸的膝盖上，听爸爸给我讲各种关于数学的趣味故事。

有一天，爸爸刚从外面回来，我就拉着他让他给我讲故事。他一把把我抱起来，坐在他的大腿上，说："我们今天讲一个关于国际象棋的故事，好吗？"

我高兴地拍着小手，热情地响应爸爸的建议。

"从前啊，相传印度有一位大臣发明了国际象棋。一天，国王和大臣下了盘棋，觉得很有意思。于是，国王对大臣说：'你发明了这么好的东西，我决定赏赐你。告诉我，你想要什么东西，我都能满足你。'大臣笑了笑，一脸谦虚地说：'别的东西我都不要，您只要赏给我一些麦子就可以了。请在第一格棋盘里放 1 粒麦子，在第二格里放 2 粒麦子，第三格放 4 粒，第四格放 16 粒麦子……依次类推，把棋盘的 64 个格子全都放满就行了。'国王听了大臣的要求，觉得这一点儿都不过分啊！于是，立刻派人兑现对大臣的奖赏。可国王万万没想到的是，国库内的麦子全都搬空了，还没满足大臣要求赏赐的一半呢。"

故事讲到这里，爸爸冲我狡黠地笑了笑。我一脸不可置信地眨巴着眼睛，问道："怎么会这样呢？怎么会要装这么多麦子啊？"

"这涉及数学上的幂级数。你现在还小，不大听得懂。如果要把棋盘 64 个格子全部放满的话，需要 18446744073709551615 粒麦子呢！"

我惊讶地睁大了眼睛："这么大的数字，那是多少啊？"

爸爸把这个数写了下来，我数了数，这个数字足足有 20 位！对于这么大的数，我那小小的脑瓜子还真是完全没有一点儿概念。

爸爸看着我求知若渴的眼神，继续解释着："每 1 千克小麦大约有 25000 粒，这么多小麦就是 7400 亿吨。如果印度一年的小麦产量是 100 万吨，那么要 74 万年才能生产出这么多小麦来。"

这样直观的解释，让我了解了这到底是个多大的数目。这个小小的故事让我对数学的热爱开始在心中萌芽。

到了上学的年龄，我被送到了一所文科学校学习。这里的数学课少得可怜，这对于爱数学成痴的我来说可真是一种煎熬。于是，每天一放学，我就泡在爸爸的书房里，专门找数学书来读，以解我对数学的"相思之苦"。慢慢地，我自学完了德国数学家鲁道尔夫的《代数学》。我不但能做出《代数学》上的习题，而且还能学以致用，帮忙解决家中的一些难题。

那时候，我家养了一些羊，有一个羊圈。每天放学回到家完成作业后，我都会帮爸爸放羊。后来，家里的羊越养越多，养到 100 只的时候，为了保证每只羊都有 6 平方米的活动空间，羊圈就不够用了。为此，爸爸决定建一个新羊圈。他在地上丈量了一块 600 平方米的地，长 40 米，宽 15 米，正好可供 100 只羊生活。可是到了要动工建羊圈的时候，爸爸才发现他准备的材料只够围 100 米篱笆。但是长 40 米、宽 15 米的羊圈需要 110 米的篱笆，还少了 10 米材料呢。但是如果要缩小面积，又不能保证每只羊有 6 平方米的活动空间。爸爸有些犯难了。

我看着有些着急的爸爸，脑瓜儿灵机一动，想出了一个好办法。于是，我对爸爸说："我们不用缩小羊圈，也不用再买材料，就可以造一个比 600 平方米更大的羊圈。"

爸爸听了我的话，并没有产生多大的兴趣。我看爸爸有些不大相信的样子，大声说："是真的，只要稍微移动一下木桩就好了。"

爸爸仍是半信半疑，但看着我信心十足的样子，终于答应看看我要怎么做。

我拉着爸爸来到即将动工的新羊圈旁，对原来的木桩进行了移动，把原来长 40 米、宽 15 米的长方形羊圈改造成边长为 25 米的正方形羊圈。比起原来 600 平方米的羊圈，改造后的羊圈有 625 平方米，比原

来的面积足足大了 25 平方米。

我改造后的新羊圈，不仅面积增大了，也不用再增加新材料筑篱笆了，爸爸看了真是又惊又喜。

凭着对数学的热情，十三岁时我靠自己的努力进入了巴塞尔大学读书。在这里，数学的国度向我敞开了怀抱……

延伸阅读

创造力惊人的数学家

欧拉是历史上出版学术论文最多的数学家之一。他写作速度超快，而且能在任何地方、任何条件下进行工作。

据说，欧拉撰写论文就像给老朋友写信一样轻松，他可以在吃晚饭前的半小时内赶出一篇学术论文；在发表一系列论文时，他经常是边写边请人誊抄，往往抄写员还没有把先前那沓厚厚的稿子抄完，他新写的稿子又出来了。新稿堆放在旧稿上，然后导致后写的稿子反倒先誊抄出来。

更令人惊奇的是，欧拉可以一边计算一边兼顾家务。就算他怀里抱着出生不久的婴儿，周围有几个大孩子玩耍吵闹（他曾生育过13个孩子），也丝毫不会给他的工作造成困扰。

在他生命的最后七年里，欧拉的双目失明了。尽管如此，他还是凭着超强的心算能力和记忆力，在这段时间里创作出了生平著作的一半。

智勇双全的小军事家——拿破仑

军事家、政治家

法国人

出生地：科西嘉岛

生活年代：1769 年—1821 年

主要成就：建立了法兰西第一帝国，颁布了《拿破仑法典》，扩张了庞大的拿破仑帝国体系，保护了法国大革命的成果

优点提炼：足智多谋，努力进取

在浩瀚美丽的地中海中，有一个岛屿叫作科西嘉岛。这里风景秀丽，气候宜人，是一块名副其实的宝地，我就出生在这里。我的家庭人口众多，并不富裕，但血统高贵，是古代意大利一位贵族的后裔。

我从小在岛上长大，具有科西嘉人的一切特征，比如崇尚武力、

机智勇敢、顽强不屈等等。四五岁时，我就长得又粗又壮，力气大得惊人，常常把大我一岁的哥哥打哭。

天气晴朗的时候，我会组织一群小孩子在街上玩打仗的游戏。我将孩子们按照年龄和个头儿的大小分成两组。我担任较弱一组的“元帅”，指挥他们向对方发动进攻。

双方对打时，我总是一马当先，冲锋在前，大声喊着：“拿破仑元帅带领大军来了，你们还不投降！”

等到了对方身旁，我会先选定一个比较弱小的对手来攻击，打得对方抱头鼠窜，狼狈而逃。每每这时候，我都会哈哈大笑，嘲笑对手的弱小，以此激发身旁小伙伴们的勇气。

果然，我手下的“士兵们”见我勇猛无敌，也壮起胆子和强大的对手作战，一个个奋勇争先，绝不退后。不一会儿，对方就只得举手投降。我虽然年纪不大，却很喜欢这种胜利的感觉。

在我七岁时的一天，哥哥给我出了一道简单的数学题，我想了半天却解答不出。哥哥讥讽地说：“你连这么一道简单的数学题都不会，真笨！”

我反驳道：“学这些东西有什么用？我不需要知道这道题目的答案！”

哥哥听了哈哈大笑：“原来你只是一个喜欢打架的莽夫，除了会在街上玩打仗以外，根本就没有脑子。我看，这辈子你是别想追上我了。”

哥哥的话深深地刺痛了我，于是我把这件事情告诉妈妈。妈妈说：“拿破仑，你明白吗？一个人光有蛮力还不行，还要有知识、有志向。只有胸怀远大的志向，再加上具有广博的知识，才能征服别人，做一个真正的强者啊！”

妈妈的话让我豁然开朗！是啊，只靠蛮力征服是不能真正取得胜利的。我虽然可以轻松打赢哥哥，却没有真正征服他，因为他懂的东西我不懂，我必须在知识和见识上也要超过他。

我明白了这个道理后，不再贪玩好斗，而是把精力转移到学习上，开始认真学习功课。

我每天躲在小屋里，夜以继日地看书。有时候，我会拿着课本去海边的一个岩洞里学习，一待就是几小时，一点儿都不觉得疲倦。

九岁那年，我因为成绩出众，考取了法国的一所公费军校。于是我离开了故乡科西嘉岛。刚开始，同学们见我个子矮小，行为古怪，又是来自偏远的地方，十分瞧不起我。他们还戏弄我，给我取了个绰号叫“斯巴达汉子”。我倒是并不讨厌这个绰号。我相信，自己就是一个斯巴达式的英雄。我在心里暗暗发誓：要不了多久，你们就会因为小瞧我而后悔。

转眼冬天到了，下起了大雪，操场上也积满了厚厚的一层雪。我提议说：“我们去外面打雪仗吧！我们上的是军校，要经常锻炼军事才能，打雪仗是一个很好的机会。”

同学们纷纷赞成，吵嚷了一番之后开始分组。大家见我个子矮，都不愿意和我分在同一组。我却不动声色，只等着待会儿给对手一点儿颜色瞧瞧。

分好组以后，我们这组乱哄哄的，队友们从地上抓起雪团就要往上冲。我拦住大家，说：“这样冲上去完全就是一场混战，输赢难料。我们要运用智谋，将对手彻底打败，让他们心服口服。”

大家有点儿惊奇，说：“你有什么好主意吗？”

我早就胸有成竹，说：“我们要稳固防守，然后抓住机会，快速而凶猛地反击。从两面包抄，将敌人围住，然后歼灭！”

大家见我言之有理，便将打仗的指挥权交给了我。我选择了一处围墙地带，指挥大家修建碉堡，多多准备雪团，等着对手过来攻击。

不一会儿，对方果然冲了过来，乱糟糟的毫无阵形。在围墙的遮蔽下，他们的雪团对我们根本无法造成伤害，倒是被我们的反击打得十分狼狈，只能仓皇撤退。

我见时机已到，大喊："大家一起跟着我冲锋！"说完，抓起两个雪团带头冲了出去。其他人也不甘落后，紧紧跟随。

在反击之前，我暗地里安排了几个人从侧面包抄过去，偷袭对手后方。

这一招儿果然见效，没过几分钟，对手就被我们团团围住。他们想要反击，却发现身边的雪团根本不够用。而我们这边却毫不留情，从四面八方扔出雪团，将他们砸得叫苦连天，赶紧大声求饶："我们投降！不要打了，不要打了！"

我们很轻易地取得了胜利，同学们都对我刮目相看。

老师们旁观了这场雪仗。他们见我打仗有勇有谋，十分赞赏。一位老师当场就评价说："拿破仑具有非凡的军人素质，这孩子将来一定会前途无量！"

延伸阅读

拿破仑的登基仪式

1804 年，拿破仑决定改法兰西共和国为法兰西帝国，加冕称帝。烦琐冗长的登基仪式进行了四小时，但拿破仑却兴致勃勃，一直充满着激情。

在登基仪式过程中发生了一件有趣的事情。按照常规，应该是由教皇给皇帝加冕，表示皇位是上帝所赐。但拿破仑却偏偏不拘一格。他觉得自己的皇冠不是上帝的赐予，而是用自己

的剑拼搏出来的。所以，当教皇为他敷过圣油之后，他一把从托盘上抓起皇冠，像古代的凯撒大帝那样把皇冠戴在了自己的头上，随后，又拿了下来。接着，他又拿起皇后的后冠，戴在了妻子约瑟芬的头上。

教皇被拿破仑的行为吓呆了，但此时拿破仑大权独揽，他也毫无办法，只好呆坐一旁，一言不发。

贵族的优雅转身
——南丁格尔

出生地：意大利佛罗伦萨

生活年代：1820 年—1910 年

主要成就：护理事业的创始人，现代护理教育的奠基人

优点提炼：心地善良，坚持梦想

我叫弗洛伦斯·南丁格尔。关于我的名字，还有一个有趣的来历。

爸妈在 1818 年结婚后，一直在欧洲各国旅行。1819 年，我的姐姐出生了，爸妈正好在希腊的巴斯诺普旅行，就为姐姐取名为巴斯诺普·南丁格尔。我出生的时候，爸妈正好来到意大利的佛罗伦萨，他们就以这座城市为我取名为弗洛伦斯·南丁格尔。

我从幼儿园开始，就接受了良好的教育，学习英语、法语、德语、意大利语。不仅如此，我还学习自然科学、历史和哲学，同时还发展自己在音乐和绘画上的特长。在我不到十岁时，就能用法语流利地写日记了。

虽然我出生于贵族之家，生活得很幸福，但我不像别人一样每天沉溺于与小伙伴的玩闹之中，反而喜欢投入大自然的怀抱，比如骑着小马去森林探险，或者跟小猫、小狗、小鸟们促膝聊天儿。我也乐于照顾它们，要是有小动物生病了或者是受伤了，我会难过很久。

有一次，一只小山雀死了。想起原本活蹦乱跳的小山雀突然直挺挺地躺在地上，我难过极了。我想：如果让它死在野外不管它，它肯定会慢慢腐烂，或者会被别的动物当成食物吃掉。想到这里，我的心里更难过了。于是，我拿出手帕，小心翼翼地包住小山雀，在花园的小松树下挖了个洞，把它安葬在那里，还用木板做了一块小墓碑，为它写了墓志铭：

可怜的小山雀 / 你为何死去 / 你头上的皇冠 / 是那样美丽 / 但是现在 / 你却躺在那里 / 对我不理不睬 / 不闻不问

正是我这多愁善感的性格，让我对弱者，尤其是病人，有种天生的悲悯情怀。每年和家人在别墅度假时，我会经常跑到居民区去看护生病的村民。在与病人的接触过程中，我感受到了他们的痛苦。我总

希望能够尽自己的努力去减轻别人的痛苦。渐渐地，我产生了想要学习护理知识，成为一名护士的想法。

我的决定没有得到家人的支持。他们认为与病人打交道是一份非常肮脏和危险的工作。因为所谓的社会名流从来不会谈及“医生”和“护理”这样的内容，好像这是很丢脸的事情。而在我看来却恰恰相反，为病人减轻痛苦是神圣而伟大的职业。为此，家里人觉得我的想法是荒谬而不可理喻的。

就在这时，一场瘟疫爆发了。我和当地的牧师一起加入了对病人的护理队伍。之前我一直认为护理工作很简单，只需要有耐心和同情心就能够帮病人解除病痛了。直到我眼睁睁地看着一位病人因为吃错了药，在我面前痛苦地死去，我才意识到，要是护理人员具有一些专业知识，就不会让病人因为吃错药而送命了。

也就是从这时候起，我开始正视护理这份工作，把它当作一生的事业来做。我认识到自己知识的匮乏，决定好好学习护理知识。于是，我向爸妈提出请求，我要向医生学习，做一名专业的护理师。

我的话无疑像一颗炸弹，打破了家里的平静。爸爸气得拂袖而去。妈妈则不顾及贵族应有的礼仪，对我大喊大叫。姐姐和妹妹也认为我是“中了邪”。他们认为我的决定不但有损了贵族的身份，还有可能会把病菌带回家，害死家人。

在这样不利的困境下，我没有退缩。我决定了自己的路，就一定要坚定地走下去。但既然“正面交涉”失败，我就想办法另谋出路。我开始偷偷地学习护理知识。遇到不懂的问题，我还会写信向国外专家请教，但这一切都是在私底下进行的。

为了不与家里再次发生正面冲突，我再也不提学习护理的事，而是每天早上早起一小时，偷偷地学习。早饭铃声一响，我就迅速收好书本，若无其事地下楼用餐，表面上做个“乖孩子”。但是在我心里，一辈子从事护理工作的想法已经生根发芽，我会一直朝着这条路走下去，直到成功为止。

延伸阅读

把一生都交给了护理事业

南丁格尔是世界上第一位真正的护士。她把自己的一生献给了护理工作，终身未嫁。

当然，像南丁格尔这样出身贵族又有理想的人，身边不乏追求者。她在年轻时，曾与一位年轻的慈善家理查德一见钟情。

两人一起谈谈诗、作作画，相处十分甜蜜和惬意。可当理查德向南丁格尔求婚时，她却拒绝了。

南丁格尔认为自己肩负着使命，要把自己奉献给护理事业。婚姻当然会成为这一使命的绊脚石。于是，她宁可不要婚姻，不要社交，不要金钱。最后，南丁格尔完成了自己的使命，把一生都交给了护理事业，让人肃然起敬！

机灵的调皮鬼
——马克·吐温

美国人

幽默大师、小说家、演说家

出生地：密苏里州佛罗里达

生活年代：1835 年—1910 年

主要成就：创作小说《百万英镑》《汤姆·索亚历险记》《哈克贝利·费恩历险记》等

优点提炼：纯真，乐观，机灵

我小时候体弱多病，家里人担心我随时都有可能死掉。也许正是因为这样，妈妈对我疼爱有加，甚至到了溺爱的地步。几年后，在妈妈的悉心照料下，我的身体居然转好了。这让妈妈很高兴，但另一个问题又让她头痛不已——我变成了一个非常调皮的坏孩子。按照她的话说，六个孩子加起来也没有我给她惹的麻烦多。

自从上学以后，我就不像从前那样自由自在了。我非常讨厌学校，觉得是学校夺走了我的自由。于是，我学会了逃学。

一天，我照例逃了学，去河里痛痛快快地游泳。妈妈为了防止我在外面游泳，每天都把我的衣领缝上，衣领只要不拆下来，我就不可能脱衣服。可刚才游泳之前脱衣服的时候，我把衣服领子撕开了，如果这么回家，妈妈肯定会发现的。不过我自有办法，从领子背面取出预先插好的针线，自己动手把领子缝好了，和母亲缝的针脚一模一样。

回家后，妈妈跟平时一样检查我的衣服领子。见领子缝得好好的，她松了一口气，说："还好，你今天没去游泳，我最担心的就是这个。你已经被人从水里救起来 九次了。"

坐在旁边看书的弟弟盯了衣领一眼，说："妈妈，你缝的时候用的是白线吧？"

这下全露馅儿了！原来，妈妈是用白线缝的，我预先准备的线却是黑色的。

"先吃饭，吃完后去刷围墙！说实话，我真想好好揍你一顿。你也早该挨揍了！"妈妈生气地说道。

我吃完饭，很不情愿地拿起一把长柄刷子，提着一桶白灰浆，来到屋外的围墙边，有气无力地刷了起来。正在这时，好朋友约翰一蹦一跳地过来了。我马上像换了个人似的，认认真真地刷了起来。

“我要到河边去玩，你去吗？”约翰一边啃着苹果，一边对我说，“噢，看样子你去不成了，对不对？”

“哼，我才不想到河边去玩呢！刷墙可是一门手艺，你想想，谁家大人放心让小孩儿去刷墙啊？我好不容易才争取来这个机会……”我装出一副非常享受的样子，一举一动做得特别仔细，像个有经验的老师傅一样。我一边刷，一边眯起眼睛看着约翰。

“我也来刷一刷，行不行？”约翰看到我很投入的样子，忍不住恳求道。

我故意摇摇头，说：“那可不行！我不敢把这活儿交给别人去干。刷坏了，妈妈会骂我的。”

“我把这苹果给你，你就让我来刷吧！我保证刷得好。”

约翰央求了好几次，我才同意了。他拿到了我的刷子，兴奋极了，拼命地刷起墙来。而我则坐在阴凉的地方，美滋滋地啃着约翰给我的苹果，心中暗自庆幸自己很聪明。

一个又一个男孩从这里经过。起先他们都高高兴兴地想去玩，但都被我劝住了，最后一个个都留下来争着刷墙，要在这门手艺上一显身手。不到两个钟头，一桶白灰浆全用完了，围墙被他们刷了三遍。

当妈妈来检查的时候，发现整道围墙都刷好了，感到十分惊讶。她心里觉得很歉疚，就说道：“现在你可以尽情地去玩啦！”

在我十二岁那年，爸爸去世了。妈妈实在拿不出钱来供我读书了，

只好让我退学，到一所印刷厂当学徒工。这对我来说，那简直就是脱离苦海了。

两年之后的一天下午，我正在路上走着，有张纸片被风吹得在路边飞扬。我顺手捡起来，原来那张纸是名著《圣女贞德传》中的一页，描写贞德被关进卢昂城的一段情节。贞德到底是什么人？她究竟发生过什么事？我不知道。但从那一刻开始，我对历史和文学产生了莫大的兴趣。我断断续续地到一家补习学校去听课，白天在印刷所做工，晚上就看书、做笔记……再后来，我尝试着写小说、剧本、散文、诗歌，开始了漫长的写作生涯。也许跟成长经历和性格有关，我的作品充满了喜剧和幽默色彩。

延伸阅读

仁慈的假眼

在美国，有一位为富不仁的百万富翁左眼坏了，于是他便让医生给他装了一只假眼。这只假眼制作得跟真的一样，就算仔细看也看不出那是一只假眼。因此，这个百万富翁十分得意，经常在别人面前炫耀，让别人猜他的哪只眼是假的。

有一天，他在街上遇见了马克·吐温，不无得意地迎上去问道：“尊敬的马克·吐温先生，人家都说你目光敏锐，我这两只看起来一模一样的眼睛中有一只是假的，你能分辨出哪只是真，哪只是假吗？”

马克·吐温盯着他看了一会儿后，指着左眼说：“这有何难？我一看就知道，这只是假的！”

百万富翁非常惊奇，便问：“马克·吐温先生，你的洞察力真了不起。能告诉我，你是怎么看出来的吗？”

马克·吐温笑了笑说：“这很简单，因为只有在这只眼里，我还能多少看见一点儿仁慈！”

用真诚打动别人
——松下幸之助

- 出生地：和歌山县
- 生活年代：1894 年—1989 年
- 主要成就：松下电器的创始人，被人称为“经营之神”
- 优点提炼：爱动脑筋，踏实肯干，有经营头脑

我的家乡有一株千年古松。我家的祖祖辈辈就生活在这里，世世代代以务农为生。因为这株古松的关系，我们家族就用“松下”作为自己的姓氏。

1894 年 11 月 27 日，我出生了，是家里的第八个孩子，在家中排

行最末。因为孩子众多，父母忙于生计，难得有时间照管我们，因此四岁之前，我的大部分时间都是和奶妈一起度过的。

白天，奶妈带领我们一群小朋友一起做游戏、捉蟋蟀、摸小鱼；到了晚上，她唱着摇篮曲或者讲睡前故事，直到我们进入梦乡才离开。虽然生活在农村，但是能这么自由快乐地成长，也是很幸福的事情。

但是，后来的一场大火无情地烧灭了全家人的希望，也烧灭了我童年的美梦。我们的房子和家产都付之一炬。

为了重振家业，爸爸先是做些贩卖粮食的小买卖。可事实证明他不是做生意的材料，不仅没能赚到钱，反而把家里所剩不多的一点点积蓄也赔光了。

全家陷入深深的恐慌中，于是搬到县城去求生计。爸爸重操旧业，开起了一家小木屐店，勉强维持全家人的生活。

到了县城，我进入当地的小学读书，因品学兼优又勤学好问，深得老师的喜欢。但同学们却经常嘲笑我穿着破旧，因为我的衣服大多数都是哥哥穿过的“二手货”，或者是用爸爸妈妈的衣服改的“特别定制版”。每当受人嘲笑时，我都会躲起来暗自抹泪，心里默念着：我一定要好好读书，将来干出一番大事业，让家人都能穿上漂亮的衣裳。

在学校的生活没能持续多久，在我九岁那年，家人为了让我有一门赖以生存的手艺，决定送我去一家新开的火盆店做学徒。就这样，我踏上了去大阪的列车。在火车汽笛的鸣叫声中，我看着妈妈瘦弱的身影渐渐远去，泪水模糊了我的双眼。

在火盆店，我深刻体会到生活的艰辛和赚钱的不易。因此，我将赚来的钱全部存起来，舍不得花掉一分。小小年纪的我就成了众人眼中的“守财奴”。有一次，我却不得不忍痛花掉一块钱，要知道那可是我三天的工资。

那天，我背着老板家的儿子看其他小朋友玩陀螺，一时兴起也跟着玩了起来。因为弯腰用力过猛，小家伙像玩杂耍一样从背后飞了出去。眼看一头就要栽倒在地了，我跪下来一把将他接住。我心中暗自吁了一口气，庆幸有惊无险。但小孩子被这个高难度动作吓得哇哇大哭起来，怎么哄都止不住。

我忐忑极了，脑海中浮现出老板娘的脸，害怕得直打哆嗦。怎么办？怎么办？走在回家的路上，我一直在想对策。忽然，我看到一家甜点店，想着小朋友一般都比较喜欢吃甜点，于是快步过去买了个小蛋糕。小家伙见了蛋糕，马上停止了啼哭，大口吃了起来。我一颗悬着的心才算落了地。

回到店里后，我如实承认了错误，并深深为自己的行为自责。我低下头，等着接受老板娘的打骂。出乎我意料的是，老板娘拍拍我的肩膀微笑着说：“松下，你是个好孩子，也是有头脑会思考的聪明孩子！”

我喜出望外，觉得自己刚才付出的努力和花钱买蛋糕都是值得的。

这次经历之后，我就更加认真地学习本领了。可到了第二年，火盆店关门了，老板因为信任我，特意把我介绍到一家自行车店去工作。刚到自行车店时，我是清洁工、搬运工和整理工。后来，我尝试学习各种事情。

一晃几年过去了，到了我十三岁的时候，老板开始让我出去跑外勤，同顾客打交道。

有一天，一位顾客打电话过来，说自己想买一辆自行车，打算先看看我们店的样品再决定。老板于是马上派人去送车。恰好其他店员都不在，老板便叫我去。

虽然这是我第一次送货，但是我经常从同事那里了解送货的要领。到了顾客那里，我热心地介绍起自行车的优点，还结合其他家的自行车给顾客进行贴心的综合分析。磨了一阵嘴皮子之后，顾客摸摸我的脑袋，对我说："小家伙，你的记性很好，口才也不错，我决定把这辆自行车买下来。不过你要给我打九折！"

听到这话，我高兴得差点儿跳起来。这是我第一次推销，居然就成功了！

我一路狂奔，回到店里，兴冲冲地喊道："卖掉了，自行车卖掉了！"

"干得漂亮，小伙子！"

我的兴奋劲儿一过去，突然想起："老板，还有个事我要向您汇报一下，顾客说要打九折才买。"

老板的脸突然拉下来了："什么？打九折？这不行！"

听了老板的回话，我的心情就像刚吹鼓的气球一下漏了气，央求道："老板，您看在我第一次推销的分儿上，就九折卖给他吧！"我几乎带着哭腔了。

"九折不行，怎么也得九五折。你是我的店员，还是他的店员呀？"

眼看着这单生意就要成了，却因为价钱的问题达不成一致，我急得大哭起来！没有办法，我只好再回去给顾客讲明老板的意思。

顾客听了我的哭诉之后，不但没有失望，反而安慰起我来："孩子，你不要哭，这自行车我要了，九五折就九五折吧。你实在是太可爱了！"

当我听到这话，顿时破涕为笑了：“您说的是真的吗？”

“是真的，是你的热情和纯真打动了我。以后我要买车，还会继续来找你！”

经过这次刻骨铭心的推销，我认识到，做生意除了具备学识、技巧外，还要全心投入，用真诚打动别人，最终才能结出美好的果实。在以后的创业和经营中，我也一直遵从这一点，这也是我走向成功的一大原因吧。

延伸阅读

“经营之神”的体贴

日本松下电器总裁松下幸之助是享誉全球的“经营之神”。有一次，他在一家西餐厅宴请客人。等大家都用餐完毕后，松下让助理去请烹调牛排的主厨过来。他的这一举动让身边的人都大为不解。

主厨来到包间，心想着是不是自己有什么过失让客人不满，因为今天接待的客人来头不小，于是小心翼翼地问道：“先生，是不是牛排有什么问题？”

“您不用担心，不是技术上的问题。招呼您过来是想和您说，我今天之所以没吃完您烹制的牛排，是因为我年纪大了，胃口不如以前。我是担心您看到剩下的半份牛排心里会难过。”

主厨听了松下的解释，顿时释然了。他看着眼前的这位老人，眼中全是感动。